तेनाली रामन की चतुराई के किस्से

देविका रंगाचारी ने बच्चों की किताबों और कहानियों के लेखकों की विभिन्न प्रतियोगिताओं में 19 राष्ट्रीय पुरस्कार जीते हैं। उनकी पुस्तक, *ग्रोइंग अप* (चिल्ड्रन्स बुक ट्रस्ट, 2000) को 2002 में द इंटरनेशनल बोर्ड ऑन बुक्स फॉर यंग पीपल (आईबीबीवाय) की सम्मान सूची में नामांकित किया गया। उनकी अन्य पुस्तकों में *कंपनी फॉर मनीषा* (सीबीटी, 1999), *व्हेन अम्मा वेंट अवे* (सीबीटी, 2002), *स्टोरीज़ फ्रॉम राजतरंगिणी-टेल्स ऑफ़ कश्मीर* (सीबीटी, 2001) और *स्टोरीज़ फ्रॉम कथासरित्सागर* (सीबीटी, 2003) शामिल हैं।

तेनाली रामन
की
चतुराई के किस्से

देवीका रंगाचारी

अनुवाद : नीलम भट्ट

चित्रांकन : शिल्पा रानडे

स्कॉलास्टिक

न्यूयॉर्क टोरंटो लंडन ऑकलैंड सिडनी

नई दिल्ली हाँग काँग

'गौतम और उत्तरा के लिए—मेरी प्रेरणा, मेरी दुनिया'

स्कॉलास्टिक इंडिया प्रा. लिमिटेड
गोल्फ व्यू कार्पोरेट टॉवर-ए, तीसरी मंज़िल
डी एल एफ फेज़-V, गुड़गांव-122002
द्वारा प्रकाशित।

स्कॉलास्टिक इंडिया भारत में स्कॉलास्टिक कार्पोरेशन की उप-संस्था है। भारत के अतिरिक्त कॅनडा, ऑस्ट्रेलिया, न्यूज़ीलैड, यूनाइटेड किंगडम और हाँग काँग मे भी स्कॉलास्टिक कार्पोरेशन की उप-सॅस्थाएं हैं ।

पहला हिन्दी संस्करणः जनवरी 2008
पुनर्मुद्रणः मार्च; जून 2008; जुलाई; दिसम्बर 2009; जून 2011; अक्टूबर, नवम्बर 2013, सितम्बर 2014, दिसम्बर 2018

ISBN-13: 978-81-7655-971-3

Printed in India by Ram Printograph, New Delhi

क्रम

तेनाली रामन और स्त्रोतों का विवरण

सोलहवीं शताब्दी के आरंभिक वर्षों के तेनाली रामन आज भारत के सबसे प्रसिद्ध लोक पात्रों में से एक हैं। 'दक्षिण का बीरबल' कहलाने वाले रामन आंध्र प्रदेश में विजयनगर के राजा कृष्ण देवराय (1509-1529 ई.) के दरबार में विदूषक थे। विजयनगर साम्राज्य दक्षिण भारत के इतिहास में सबसे प्रसिद्ध साम्राज्यों में से एक था और माना जाता है कि कृष्णदेवराय के शासन में विजयनगर साम्राज्य अपने चरम पर पहुंचा। राजा स्वयं एक शक्तिशाली योद्धा थे, जिन्होंने शायद ही कभी कोई लड़ाई हारी हो, लेकिन वे अपने शत्रुओं का सम्मान करते थे। तेनाली रामन अष्टदिग्गजों में से एक थे। वे न केवल एक महान तेलुगु कवि थे, बल्कि अपने ज्ञान, चतुराई और पटुता के लिए जाने जाते थे।

हालांकि कुछ विद्वानों का मानना है कि कृष्ण देवराय के शासन के दौरान तेनाली छोटी उम्र के ही थे, उनके राज विदूषक होने की बात की ऐतिहासिकता को स्वीकार किया जाता है। प्रसिद्ध यात्री डॉमिन्गो पेस कहानियों में मौजूद राजा की छवि की पुष्टि करते हैं। उनका कहना है कि कृष्ण देवराय से लोग बहुत डरते थे, लेकिन वे आदर्श राजा थे और प्रसन्न रहा करते थे। पेस ने यह भी देखा कि राजा 'एक महान और न्यायप्रिय शासक' तो थे, लेकिन उन्हें अचानक बहुत अधिक क्रोध आता था। कृष्ण देवराय मुग़ल बादशाह बाबर और इंगलैंड के राजा हेनरी अष्टम् के समकालीन थे।

तेनाली रामन से जुड़ी कहानियां और कहावते आमतौर पर

अव्यवस्थित ढंग से प्रस्तुत की जाती हैं। लेकिन इसके बावजूद इन कथाओं को एक तर्कसंगत वृत्तांत से जोड़ा जा सकता है, ताकि इस व्यक्ति की आश्चर्यजनक पटुता और चतुराई तथा कृष्ण देवराय के दरबार पर उसके प्रभाव का चित्र खींचा जा सके। विभिन्न स्रोतों से प्राप्त कहानियां वास्तव में रामन के जीवन के प्रमुख आयामों और उनसे जुड़े किस्सो के मामले में एक-दूसरे की पुष्टि करती प्रतीत होती हैं, परिणामस्वरूप कहानियों को प्रामाणिकता प्रदान करती हैं। लेकिन इसके बावजूद कुछ कहानियों का सही-सही ऐतिहासिक महत्व स्थापित नहीं हो पाया है।

माना जाता है कि रामन का जन्म आंध्र प्रदेश के गुंटूर ज़िले के एक छोटे से गांव गरलापडु में हुआ था। उनके मामा ने तेनाली स्थित रामलिंगेश्वर मंदिर के देवता के नाम पर उनका नाम रखा था। हैजे से रामन के पिता की मृत्यु के बाद उनके मामा ने ही उनका और उनकी मां का पालन-पोषण किया था। रामन अपनी चतुराई और चालाकी के लिए जाने जाते थे। इसके अलावा वे एक महान कवि भी थे। उनकी एक सबसे प्रसिद्ध रचना महाकाव्य, *पांडुरंग महात्मयम्* है। कहा जाता है कि मंगम्मा से रामन के बहुत से बच्चे हुए और उन्होंने एक लंबा और सार्थक जीवन जिया। बाबर के दरबार से लौटने के कुछ समय बाद सांप के काटने से उनकी अचानक मृत्यु हो गई, जिससे कृष्ण देवराय को बहुत सदमा लगा।

इस पुस्तक के लिए प्रयुक्त स्रोत इस प्रकार हैं :

तेनाली रामन, पी. अय्यर, द ओरियंट पब्लिशिंग कंपनी, मद्रास/हैदराबार, 1957

स्टोरीज़ ऑफ़ तेनाली रामन, सी.एल.एल जयप्रदा, चिल्ड्रन्स बुक ट्रस्ट, नई दिल्ली, 2001

अमर चित्र कथा और ऐतिहासिक रचनाओं में तेनाली रामन और कृष्ण देवराय की कहानियां और उन पर लेख।

दो वरदान

रामन की शरारतों का निशाना बने लोग चाहे कितना भी परेशान होते, उसकी चमकीली आंखें और गोल-मटोल चेहरा देखकर अपना गुस्सा भूल जाते और कहते, 'अरे शरारती लड़के, भागो यहां से! फिर कभी मेरे साथ ऐसी शरारत मत करना!'

रामन अपने अगले शिकार की खोज में या फिर अपने मनपसंद खजूर के पेड़ के नीचे आराम करने चल पड़ता। दिन ढलने पर वह बेमन से अपनी मां के पास लौट आता। मां अपने बेटे की शरारतों पर दुखी होती और सोचती कि आख़िर उसका क्या होगा।

इसमें कोई संदेह नहीं कि रामन चतुर था। जब से उसके मामा

उसे और उसकी विधवा मां को अपने गांव लाए थे, तेनाली, छोटे रामलिंगा या प्यार से रामन कहे जाने वाले इस लड़के की बुद्धिमानी ने गांव के बड़े-बुजुर्गों को हैरत में डाल दिया था। लेकिन उसने जितनी तेज़ी से उनका दिल जीता था, उतनी ही तेज़ी से अपनी शरारतों से उन्हें परेशान भी कर दिया था।

उसके शिक्षक के लिए हर दिन एक नई परीक्षा का दिन होता क्योंकि उन्होंने यह देख लिया था कि बहलाने-फुसलाने, धमकाने या फिर पिटाई का रामन पर कोई असर नहीं पड़ता था। शिक्षक रामन के मामा से शिकायत करते हुए कहते, 'वह न केवल परले दर्ज़े का शरारती है, बल्कि बहुत आलसी भी है। वह चाहे तो कुछ भी कर सकता है, लेकिन वह करना नहीं चाहता।'

रामन के मामा अपने भांजे के प्रति प्यार को सख़्त रवैये के पीछे छुपाने का प्रयास करते हुए पूछते, 'उसका क्या होगा? क्या उसके सुधरने की कोई आशा नहीं है?'

'बिलकुल नहीं,' शिक्षक कठोरता से कहते। 'वह दुनिया का सबसे बड़ा शरारती और आलसी बनेगा।' फिर रामन के मामा का उतरा हुआ चेहरा देखकर आगे जोड़ते, 'प्रार्थना कीजिए कि कोई चमत्कार हो जाए। शायद वह कभी बहुत बड़ा आदमी बन जाए।'

रामन अभी छोटा ही था कि उसके मामा की मृत्यु हो गई। मां-बेटे पर मुसीबतों का पहाड़ टूट पड़ा, लेकिन रामन पर कोई असर नहीं पड़ा। अपने तौर-तरीके सुधारने के बजाय वह नई शरारतों में उलझा रहता।

उसी साल सूखा पड़ा। धरती सूखती जा रही थी और तेनाली के लोग बेचैन होकर बारिश की आशा में आसमान पर नज़रें जमाए हुए थे। अंत में, जब सभी आशाएं समाप्त हो गईं, तब गांव

में एक संन्यासी आया। उसके आने के साथ ही गांव में बारिश हुई।

तेनाली के लोगों ने राहत की सांस ली और नाच-गाकर अपनी खुशी जताई। संन्यासी को रक्षक और चमत्कारी मान लिया गया। हर कोई उनके जादू से आश्चर्यचकित था।

रामन पर इसका कोई असर नहीं पड़ा। वह संन्यासी के पास गया और बोला, 'खजूर का पुराना पेड़ कैसा है?' संन्यासी ने सहराते हुए सिर हिलाया, लेकिन बाकी सब लोग कुछ चकित थे।

जैसे ही रामन मुड़कर जाने लगा, उसके एक दोस्त ने आकर उससे पूछा, 'तुम्हारा ऐसा पूछने का क्या मतलब था?'

'बहुत सीधी सी बात है,' रामन ने कहा। 'खजूर की डाल पर एक कौवा बैठा और उसका एक फल नीचे गिर गया। हर किसी ने सोचा कि कौवे ने ऐसा किया। ठीक ऐसा ही संन्यासी के साथ हुआ। वह गांव में आए और बारिश होने लगी, इसलिए हर किसी ने सोच लिया कि बारिश वह लेकर आए हैं। वाह! लोग!' रामन ने मुंह बनाते हुए कहा।

'बिलकुल ठीक!' पीछे से एक आवाज़ आई। यह संन्यासी की आवाज़ थी। रामन का दोस्त सिर पर पैर रखकर भागा, लेकिन रामन खड़ा रहा। संन्यासी ने अपनी बात जारी रखी, 'पुत्र, मैं तुम्हारे तेजस्वी चेहरे और हाज़िरजवाबी को मान गया। तुम क्या काम करते हो?'

रामन यह नहीं कह पाया कि उसका आधिकांश दिन सोने में बीतता है, इसलिए उसने अपना चेहरा लटकाकर झूठ कह दिया, 'मेरा स्वास्थ्य ठीक नहीं रहता।'

'अरे, यह तो बहुत बुरी बात है,' संन्यासी ने चिंतित स्वर में कहा। 'मैं तुम्हारे जैसे ज़रूरतमंद लड़के की सहायता कर सकता

हूं। मैं तुम्हें काली के आह्वान का एक मंत्र सिखा दूंगा। तुम आज रात काली मंदिर में बैठकर उसका जाप करना। काली के प्रकट होने पर तुम उनसे मनचाहा वरदान मांग लेना।'

रामन के मन में उत्सुकता जागी। क्या संन्यासी की बात सही थी?

उस रात रामन अपने घर के पास वाले काली मंदिर में गया। दूर-दूर तक कोई नहीं था, लेकिन फिर भी रामन ने मंदिर में घुसकर दरवाज़ा बंद कर लिया, ताकि उसे कोई न देख पाए। फिर उसने मंत्र का जाप शुरू किया।

एक मूर्ति के सामने ज़ोर-ज़ोर से मंत्रजाप करना उसे शुरू में थोड़ा अजीब लगा। फिर भी वह जाप करता रहा और इसका फल भी अनोखे ढंग से उसे मिला।

मंत्र का जाप एक लाख बार होते ही उसके सामने एक विकराल आकृति खड़ी थी। यह देवी काली थीं, जिनके हज़ारों सिर थे। उनकी आंखें बड़ी और प्रचंड थीं, उनकी जीभों से रक्त टपक रहा था।

रामन की आंखें खुली की खुली रह गईं। काली की उग्र दृष्टि उस पर टिकी थी।

फिर अचानक रामन हंसने लगा। उसके ठहाकों से कमरा भर गया और हंसते-हंसते उसके आंसू निकल पड़े।

देवी के चेहरे के भाव भी बदल गए। उन्हें देखते ही लोग मूर्छित हो जाते, रोने लगते या फिर कांपने लगते थे। लेकिन उन्हें देखकर किसी को आज तक हंसी नहीं आई थी। 'तुम क्यों हंस रहे हो?' उन्होंने पूछा। उनका स्वर गहरा और डरावना था।

'मुझे क्षमा करें देवी,' आंसू पोंछते हुए अपनी आवाज़ को संयत कर रामन बोला। 'आपको देखकर अचानक मुझे ध्यान

आया कि अगर आपको जुकाम हो जाए तो क्या होगा। मेरी एक ही नाक टपकने लगती है तो बहुत मुश्किल होती है, आपकी तो हज़ारों नाक हैं!'

काली की आंखें गुस्से से लाल हो गईं। इतनी ढिठाई! फिर अचानक वे भी हंसने लगीं। वे इतनी देर तक हंसती रहीं कि रामन थोड़ा चिंतित हो गया।

थोड़ी देर हंसने के बाद वे रुकीं और रामन को स्नेह से देखने लगीं।

वे बोलीं, 'अरे विकटकवि! तुम्हें नहीं पता कि कितने समय से मेरे साथ किसी ने मज़ाक नहीं किया। इस तरह हंसना मुझे अच्छा लगा।'

'मुझे आपका दिया नाम पसंद आया,' राहत भरे स्वर में रामन बोला। 'इसे दोनों ओर से पढ़ा जा सकता है। मैं इससे बेहतर क्या मांग सकता था।'

काली ने तुरंत दोनों हाथों में सोने के दो कटोरे लेकर आगे बढ़ाए। उन्होंने कहा, 'देखो रामन, मेरे दाएं हाथ में ज्ञान का मीठा दूध है, जबकि बाएं हाथ में धन का खट्टा दही है। तुम जो भी चुनोगे, वही तुम्हें मिलेगा।'

रामन के कुछ देर सोचा। चुनाव मुश्किल था। ज्ञान या पैसा? वह बाएं हाथ को चुने या फिर दाएं हाथ को? उसने ऊंचे स्वर में कहा,'मां, धन को खट्टे दही से क्यों जोड़ा?'

'क्योंकि अक्सर धन सही तरीके से नहीं कमाया जाता,' काली ने जवाब दिया।

रामन ने निर्णय कर लिया था। 'हे देवी, दोनों को चखे बिना मैं कैसे एक को चुन सकता हूं?' उसने पूछा।

'ठीक है, दोनों को चख लो,' देवी ने कहा।

इससे पहले कि काली समझ पातीं कि क्या हो रहा है, रामन ने दोनों कटोरों में रखी चीज़ें चट कर दीं। देवी की आंखें गुस्से से चमकने लगीं।

'क्षमा करें,' रामन ने क्रोधित देवी से कहा। 'मुझे दोनों चीज़ें चाहिए थीं। एक के बिना दूसरी मेरे लिए बेकार थी।'

'अरे शैतान लड़के!' गुस्से और हंसी के मिले-जुले स्वर में देवी बोलीं। 'तुमने मेरी बात नहीं मानी, इसलिए तुम्हें दंड तो भुगतना होगा। तुम बड़े कवि तो बनोगे, लेकिन तुम्हें विदूषक के रूप में अधिक जाना जाएगा, क्योंकि यही तुम्हारे स्वभाव में है। तुम्हारी समृद्धि शत्रु तो बनाएगी, लेकिन मेरे आशीर्वाद से हर बार तुम उन पर विजय प्राप्त करोगे।'

फिर रामन की शुरुआती टिप्पणी याद करते हुए काली मुस्कुराते हुए अदृश्य हो गईं।

रामन के आश्चर्य का ठिकाना नहीं था। उसने काली के प्रकट होने की जगह को धन्यवाद करा और मंदिर से सीधे अपने प्रिय खजूर के पेड़ के नीचे लेटने को चल पड़ा।

अंधेरे में लेटे हुए रामन को अपने भाग्य पर विश्वास नहीं हो पा रहा था। अचानक अपनी विद्वता और योग्यता के हिसाब से उसे तेनाली बहुत छोटा लगने लगा। लेकिन वह जाए तो कहां जाए?

जवाब भी उसे अचानक ही सूझा। वह विजयनगर, कृष्ण देवराय के दरबार जाएगा। राजा कवि-लेखकों को बढ़ावा देने और बुद्धिमान तथा योग्य लोगों को अपने आसपास रखने के लिए प्रसिद्ध था। वह बहुत उदार था, लेकिन उसमें एक कमी भी थी। कहा जाता था कि राजा बहुत गुस्सैल था। गुस्से में वह मृत्युदंड देने से भी नहीं चूकता था।

अपने खजूर के पेड़ के नीचे लेटे रामन के होंठों पर आत्मविश्वास भरी मुस्कान थी। उसके पास देवी के दिए वरदान थे और उसे सफलता मिलनी ही थी।

दरबार तक जाना

रामन ने सबको अपनी योजनाओं के बारे में बताया। उसके दोस्तों ने उसका मज़ाक उड़ाया पर उसकी मां, जो अपने बेटे की अनोखे तौर-तरीकों से परिचित थी, कुछ नहीं बोली।

रामन को ध्यान आया कि एक परेशानी थी। वह कृष्ण देवराय के दरबार में बिना किसी संरक्षक या सिफ़ारिश के कैसे जा सकता था?

परेशानी के हल पर विचार करते-करते रामन ने अपनी एक दूर की रिश्तेदार मंगम्मा से शादी कर ली। जहां उसके दोस्तों को इस बात से हैरानी हुई, वहीं उसकी मां इससे बहुत खुश थी।

रामन के विवाह के कुछ दिन बाद कृष्ण देवराय के दरबार में

राजपुरोहित, ताताचारी, तेनाली के पास मंगलागिरि में पूजा करने के लिए आए। रामन ने जब यह सुना तो उसे अपनी समस्या का समाधान सूझ गया।

रामन बिना समय गंवाए पुरोहित की सेवा में लग गया। वह उन्हें मंदिर ले जाता और उनकी सेवा करता। मंगलागिरि से विदा लेते समय पुरोहित ने दरबार में अपनी ऊंची हैसियत दिखाने के लिए रामन से कहा कि उसे जब भी विजयनगर दरबार में कोई काम हो, वह उन्हें बताए।

ताताचारी के विजयनगर रवाना होते ही रामन ने अपने घर पहुंचकर अपनी मां और पत्नी से कहा कि वे अपना सारा सामान बांध लें।

अगली सुबह वे निकल पड़े। कई दिनों के थकान भरे सफ़र के बाद वे विजयनगर पहुंचे।

रामन ने बड़ी-बड़ी सड़कों, दुकानों, विशाल मंदिरों, आभूषणों और रेशम के कपड़ों, शानदार हाथियों और रथों को जी भरके देखा। अपने भाग्य को इस तरह पलटते देख उसे बहुत ख़ुशी हुई।

रामन ताताचारी के घर पहुंचा। लेकिन उसे पुरोहित से मिलने नहीं दिया गया। रामन ने सोचा कि वे लंबी यात्रा के बाद थके हुए होंगे इसलिए वह वहां से ख़ुशी-ख़ुशी लौट आया और अगले दिन फिर जाने का विचार किया।

लेकिन अगले दिन और उसके बाद के कई दिनों तक उसे ताताचारी से मिलने नहीं दिया गया। तेनाली और विजयनगर की दूरी तय करते-करते ताताचारी अपनी कही बात भूल चुके थे। आख़िरकार एक दिन एक द्वारपाल ने उसे कहा कि ताताचारी तो उसे जानते भी नहीं, इसलिए वह उन्हें परेशान नहीं करे।

इस बात से दुखी और हैरान रामन ने इस बाधा के सामने हार

न मानने का प्रण कर लिया। उसने अपनी सबसे अच्छी पोशाक निकाली और कृष्ण देवराय के दरबार में जाने के लिए निकल पड़ा।

उस सुबह वस्तुनिष्ठ आभास के यथार्थ पर विद्वानों के बीच वाद-विवाद था। इसलिए प्रमुख परिसर में कई नगरों से लोग आए हुए थे, जिन्हें यह वाक्युद्ध देखने के लिए आमंत्रित किया गया था। रामन आमंत्रित लोगों के बीच घुस गया था, इसलिए द्वारपालों ने उससे कोई प्रश्न नहीं पूछा। उसका भाग्य करवट ले रहा था।

अलंकृत छत और सजे हुए खंभों वाले उस बड़े कक्ष पर से नज़रें हटाकर सामने वाद-विवाद में लगे दो मोटे आदमियों की बात सुन पाना मुश्किल था। रामन बीच-बीच में कृष्ण देवराय की झलक पाने की कोशिश भी कर रहा था, इसलिए कई बार वाद-विवाद से उसका ध्यान भटक जाता था। वह कल्पना कर रहा था कि राजा के पास शानदार कपड़े पहने बैठे लोगों में से वह एक है, जो बार-बार आगे झुककर राजा की बात सुन रहा था।

आख़िरकार जब उसने वाद-विवाद पर अपना ध्यान केंद्रित किया तो पाया कि एक विद्वान इस बात पर ज़ोर दे रहा था कि संसार एक छलावा है। 'यह हमारी सोच है, जिसके कारण हमें लगता है कि हम देख-सुन रहे हैं, स्वाद ले रहे हैं, सूंघ रहे हैं और वस्तुओं को छू रहे हैं,' उसने बड़ी शान से घोषणा की।

हर किसी के चेहरे पर हैरानी के भाव थे, लेकिन विद्वान के बैठने के साथ ही सबने बड़ी विनम्रता से ताली बजाई।

रामन खुद को नहीं रोक पाया। भीड़ को चीरते हुए वह आगे आया और ज़ोर से बोला, 'महोदय, हमारे किसी चीज़ को खाने और उसे खाने के बारे में सोचने के बीच क्या कोई अंतर नहीं है?'

'नहीं,' विद्वान ने जवाब दिया।

'ऐसा है तो,' लोगों को देखते हुए रामन ने कहा, 'आइए इनकी बात की परीक्षा लें। चलिए हम सब राजा द्वारा दिया गया भोज खाते हैं और इन्हें केवल खाने की बात सोचने से ही अपना पेट भरने देते है।'

रामन की बातों से सहमत लोग हंसने लगे।

अचानक रामन ने स्वयं को राजा के सामने पाया। अपने जीवन में पहली बार रामन ने पाया कि अपने सामने मौजूद प्रभावशाली, ओजस्वी व्यक्ति को वह अपना परिचय देने में थोड़ा सा हकला रहा था। राजा की आंखों में मज़ेदार बात सुनने से पैदा हुआ आनंद झलक रहा था। उधर रामन सोच रहा था कि क्या उसके इस तरह बीच में कूद पड़ने से राजा क्रोधित थे? कहीं उसने अपनी सीमा तो नहीं लांधी? वह यह सब सोच ही रहा कि अचानक उसे ध्यान आया कि राजा उससे बात कर रहे थे।

'तेनाली के रामन,' हाथ में सोने की थैली पकड़े हुए राजा ने कहा, 'मैं तुम्हारी हाज़िरजवाबी से प्रसन्न हूं। आज से तुम मेरे राजविदूषक हुए। यह लो और इससे अपने लिए एक बड़ा घर और जो भी कुछ लेना चाहो, ले लो।'

रामन के शरीर में जीत की लहर दौड़ गई और उसकी आंखों में आंसू आ गए। अपने लक्ष्य तक पहुंचने के लिए उसे एक लंबी यात्रा करनी पड़ी थी, जिसमें अनिश्चितता भरी थी। कई बार वह सोचता था कि कहीं वह केवल एक भ्रम के पीछे तो नहीं भाग रहा था। लेकिन आज उसकी यात्रा सफल हुई थी, उसका सपना पूरा हुआ था और यही सबसे महत्वपूर्ण बात थी।

जैसे को तैसा

रामन की ज़िंदगी पूरी तरह बदल गई थी। वह प्रसिद्ध राजा कृष्ण देवराय के दरबार में विदूषक हो गया था। वह एक आलीशान घर में रहता, शानदार कपड़े पहनता और बेहतरीन खाना खाता था। लेकिन इस सबके बाद भी वह ताताचारी के छल को नहीं भूल पाया।

बूढ़ा पुरोहित विदूषक के रूप में रामन की नियुक्ति से हैरान रह गया था। इस बात की घोषणा के समय उसे जानबूझकर अपने चेहरे पर मुस्कुराहट लानी पड़ी, ताकि किसी को उसकी नाराज़गी की भनक न पड़े। उसने ख़ुद को यह कहकर सांत्वना दी कि दरबार के मामले में रामन नया है और वह उसकी अनुभवहीनता

के कारण उसे नीचा दिखा सकता है। लेकिन रामन जल्द ही सब कुछ सीख गया और कुछ ही समय में ऐसा लगने लगा जैसे कि वह हमेशा से ही दरबार में रहता आया है।

समय बीतने के साथ ताताचारी रामन के प्रति अपनी शत्रुता दबाए रखने को लेकर लापरवाह सा हो गया। अधिकांश समय वह ऐसे दिखाता, मानो रामन वहां मौजूद ही नहीं है और अगर मजबूरी में उसे रामन के अस्तित्व को स्वीकारना पड़ता तो वह उसे 'विदूषक' कहकर बुलाता और उसका नाम भूल जाने का नाटक करता।

इस दोहरे बर्ताव के लिए उसे मज़ा चखाने के तरीके खोजने के लिए रामन ने अपने दिमाग़ पर बहुत ज़ोर डाला। वह जानता था कि यह काम बहुत ख़तरनाक है, क्योंकि कृष्ण देवराय ताताचारी का बहुत सम्मान करते थे। इसके बावजूद रामन उससे बदला लेने को बेचैन था।

आख़िरकार उसके हाथ एक अवसर लग ही गया। बहुत धीरज से जासूसी करने के बाद रामन ने पाया कि ताताचारी सुबह के लगभग चार बजे शहर से तीन मील दूर तुंगभद्रा के सरोवर में स्नान करने अकेले जाता था। वह सरोवर में जाने से पहले किनारे पर सभी कपड़े उतार देता था।

एक सुबह रामन ने चुपचाप पुरोहित का पीछा किया। गोल-मटोल होने के कारण रामन के लिए यह काम चुपचाप करना मुश्किल था। किनारे पर एक पेड़ के पीछे छिपकर वह ताताचारी के सरोवर में जाने की प्रतीक्षा करने लगा। जैसे ही वह सरोवर में गया, रामन ने उसके कपड़े उठाए और उन्हें पेड़ के पीछे छुपा दिया।

स्नान पूरा होने के बाद ताताचारी वापस किनारे पर आया।

सुबह की हवा ठंडी थी, ठिठुरते हुए झल्लाकर वह अपने कपड़े ढूंढने लगा, लेकिन कपड़े वहां नहीं थे। पेड़ के तने पर पीठ टिकाकर खड़े हुए रामन को देखकर उसकी खीज और बढ़ गई। वह उसे आराम से खड़े होकर देख रहा था।

'मेरे कपड़े कहां हैं?' झेंपते हुए पुरोहित ने पूछा।

'तो अब आप मुझसे बात करने की कृपा कर सकते हैं?' रामन ने कहा।

'मेरे कपड़े वापस करो, रामन!' ताताचारी ने सख़्ती से कहा।

'इतने दिन तक तो आपको मैं या मेरा नाम बिलकुल याद नहीं आया। आख़िर ऐसा क्यों हुआ?' रामन ने सोचते हुए कहा।

'मेरे कपड़े लौटा दो!' ताताचारी ने खीजते हुए जवाब दिया।

'आपके कपड़े? मैं आपके कपड़ों के बारे में क्या कह सकता हूं? वैसे आप बिना कपड़ों के यहां कर क्या रहे हैं?' रामन ने चुटकी ली।

इस तरह दोनों के बीच बहस चलती रही। ताताचारी की झुंझलाहट बढ़ती गई और रामन के जवाब में चंचलता बढ़ती गई।

अंत में पुरोहित ने हार मान ली। 'मैं हार गया, रामन। जो कुछ तुम चाहते हो, मैं वही करूंगा लेकिन कृपा करके मेरे कपड़े लौटा दो। देर हो रही है और मुझे महल पहुंचना है।'

रामन मुस्कुराया। 'बस आप मुझे अपने कंधे पर बैठाकर महल ले चलिए।'

'मैं ऐसा ही करूंगा,' ताताचारी ने चिल्लाकर कहा। 'अब मेरे कपड़े लौटा दो।'

कुछ ही देर बाद शहर में एक अनोखा दृश्य दिखाई दिया। रामन ताताचारी के कंधे पर बैठा था और उन दोनों के पीछे शोर मचाती हुई भीड़ चल रही थी, जिसमें अधिकांश बच्चे थे। वे

चिल्लाकर उन्हें उत्साहित कर रहे थे।

अपने महल की छत से कृष्ण देवराय के कानों में भी यह शोर पड़ा। झांककर देखा तो उन्हें ताताचारी का परेशान और रामन का विजयी चेहरा दिखाई पड़ा। यह देखकर उन्हें इतना गुस्सा आया कि उस पर काबू रखना मुश्किल हो गया। उन्होंने अपने अंगरक्षक को आदेश दिया, 'अभी महल के चौराहे पर जाओ। एक आदमी ने दूसरे आदमी को अपने कंधे पर बैठा रखा है। कंधे पर बैठे आदमी की कोई भी बात मत सुनना और उसे लात मारकर वहीं छोड़ देना। दूसरे आदमी को मेरे पास लेकर आना।' फिर राजा छत से उतर गया। उन्हें रामन की हरकत पर गुस्सा आ रहा था और पुरोहित के लिए मन में सहानुभूति भरी थी।

रामन ने नीचे से छत पर मौजूद राजा को देख लिया और अनुमान लगाया कि वहां क्या हुआ होगा। तुरंत ही वह ताताचारी के कंधे से उतरा और उसके पैर पकड़कर रोने लगा। 'मुझे क्षमा कीजिए, पूज्य पुरोहित! अपने अपराध के लिए मैं माफ़ी चाहता हूं। अब प्रायश्चित्त स्वरूप मैं आपको अपने कंधे पर ले जाऊंगा। लेकिन पहले आप मुझे क्षमा कर दीजिए।'

रामन के बर्ताव में आए बदलाव को देखकर पुरोहित इतना खुश हो गया कि उसने यह ध्यान नहीं दिया कि इसके पीछे क्या कारण था। उसने मुंह बिचका लिया और बड़प्पन भरे स्वर में बोला, 'तुम एक विवेकहीन मूर्ख हो, जिसका कोई मोल नहीं। तुम प्रायश्चित्त के तौर पर मुझे उठा सकते हो और शायद इससे तुम्हें यह सीख भी मिले कि अपने से श्रेष्ठ लोगों से नहीं उलझना चाहिए।' यह कहकर वह बड़ी शान से रामन के कंधे पर चढ़ गया।

वे अभी दो कदम ही चले थे कि राजा के अंगरक्षक वहां पहुंच

गए। उन्होंने पुरोहित को नीचे गिरा दिया और बिना उसकी बात सुने उस पर लात-घूंसों की बरसात शुरू कर दी। फिर वे बहुत सम्मान के साथ रामन को राजा के पास ले गए।

रामन को देखकर कृष्ण देवराय हैरान हो गए। 'तुम इस आदमी को यहां क्यों लाए हो?' उन्होंने पूछा। 'मैंने इसकी पिटाई कर इसे वहीं छोड़ आने और इसे कंधे पर उठाने वाले को यहां लाने के लिए कहा था।'

'लेकिन हमने आपके आदेश का ही पालन किया है, महाराज,' घबराए हुए अंगरक्षकों ने हकलाते हुए कहा।

'क्या! तो तुम्हारे कहने का मतलब है कि इस आदमी ने दूसरे को उठाया हुआ था और तुमने उसकी पिटाई करके उसे वहीं छोड़ दिया?'

'जी महाराज,' उन्होंने कहा।

'यह बहुत बड़ा धूर्त है!' राजा चिल्लाया। 'इसे एक गड्ढे में गाड़ दो और इसके सिर को हाथी के पैरों तले कुचलवा दो।'

परेशान सिपाही रामन को घसीटते हुए ले गए और राजा तेज़ी से ताताचारी को मनाने चल दिए।

शहर की सीमा पर एक गड्ढे में डरा हुआ बैठा रामन अपना दिमाग ठंडा रखने की कोशिश कर रहा था। सिपाही हाथी लेने गए थे और रामन के दिमाग़ में कई योजनाएं तेज़ी से घूम रही थीं।

तभी कपड़ों का एक बड़ा सा गट्ठर उठाए एक कुबड़ा धोबी वहां से गुज़रा। अपने कूबड़ के कारण वह बहुत झुककर चल रहा था, लेकिन फिर भी रामन को देखने के लिए वह वहां रुक गया। 'आप यहां पर क्या कर रहे हैं, महोदय?' उसने पूछा।

'यह एक विशेष इलाज है, मेरे दोस्त,' रामन ने तुरंत जवाब दिया। 'यह कूबड़ का शर्तिया इलाज है। मैं एक घंटे से इस गड्ढे

में हूं। अब मुझे देखना है कि मैं ठीक हो गया हूं या नहीं। क्या तुम बाहर निकलने में मेरी मदद कर सकते हो?'

धोबी ने रामन को गड्ढे से बाहर निकाला। उसकी सीधी पीठ देखकर वह अचंभे में पड़ गया।

'मैं ठीक हो गया!' रामन ख़ुशी से चिल्लाया।

'क्या मैं भी इसे आज़मा सकता हूं?' धोबी बेसब्री से बोला।

'क्यों नहीं?' रामन ने जवाब दिया। 'आओ अंदर जाने में मैं तुम्हारी मदद करता हूं। मैं तुम्हारे ये कपड़े भी सही जगह पहुंचा दूंगा।'

जल्दी ही धोबी गड्ढे में घुसकर बैठ गया। रामन कपड़ों का ढेर लेकर नौ दो ग्यारह हो गया।

लेकिन जल्दी ही धोबी का सीधी पीठ का सपना हाथी के चिंघाड़ने से टूट गया। आंख खोलने पर उसे एक हाथी अपनी ओर आता दिखाई दिया।

'बचाओ!' वह चिल्लाया। 'हाथी को रोको! कोई मुझे बचाओ!'

'यह तो विदूषक की आवाज़ नहीं है,' एक सिपाही बोला और जल्दी से हाथी को रोकने के लिए आगे बढ़ा।

धोबी ने सिपाहियों को सारा किस्सा विस्तार से बताया और राहत व गुस्से से भर वह अपने घर चला गया।

इस बीच कृष्ण देवराय का गुस्सा ठंडा हो चुका था और अब उन्हें लग रहा था कि कहीं उन्होंने रामन को मृत्युदंड देने में कोई जल्दबाज़ी तो नहीं की। ताताचारी की सफ़ाई अधूरी लग रही थी, क्योंकि वह अपने प्रति रामन की दुश्मनी का कारण ठीक से नहीं बता पा रहा था।

दरबार में बैठे राजा के मन से यह संदेह निकल नहीं पा रहा था। 'काश, रामन मेरे सामने होता, तो मैं उससे सवाल पूछ

सकता...' राजा ने गहरी सांस लेकर कहा।

'आपकी इच्छा पूरी हुई, महाराज!' भीड़ को चीरते हुए रामन आगे आया। उसने एक कपड़े से खुद को ढका हुआ था।

रामन को देखकर कृष्ण देवराय के मन में मिले-जुले भाव आए, उसमें खुशी भी थी और गुस्सा भी, लेकिन सबसे अधिक राहत थी। रामन से सारी बात सुनने के बाद राजा ने उसे सोने के सिक्कों से भरी एक थैली दी।

'आगे फिर अपनी सीमा कभी न लांघना, रामन,' राजा ने उसे चेतावनी दी।

'कभी नहीं, महाराज,' रामन ने चहकते हुए ताताचारी की तरफ़ नज़र डाली, जो अंदर ही अंदर गुस्से से उबल रहा था।

घोड़ों की देखभाल

कृष्ण देवराय को अक्सर उत्तर के राज्यों से युद्ध करने पड़ते थे। उन राज्यों के पास ताकतवर घुड़सवार सेना थी। राजा ने सोचा कि हमलों से बचने के लिए उन्हें शक्तिशाली घुड़सवार सेना की आवश्यकता है। इसलिए उन्होंने बेहतरीन अरबी घोड़े ख़रीदने का निर्णय लिया।

लेकिन जल्दी ही उनके सामने एक नई समस्या आ खड़ी हुई। उनके द्वारा ख़रीदे गए हज़ारों घोड़ों को बहुत अच्छी देखभाल की आवश्यकता थी। घोड़ों के लिए अतिरिक्त घुड़साल बनाए जाने की भी आवश्यकता थी, लेकिन इसके लिए महल में जगह कम थी।

'महाराज, मेरे पास एक सुझाव है,' मंत्री थिम्माअरुसु ने कहा। 'क्यों न हम कुछ लोगों को घोड़ों की देखभाल का दायित्व सौंप दें और इसके लिए उन्हें कुछ भत्ता दे दें। युद्ध के समय उन घोड़ों का इस्तेमाल किया जा सकता है।'

राजा को यह सुझाव पसंद आया। दरबारियों को बेहतरीन घोड़े दिए गए और उनकी देखभाल और खाने के लिए उन्हें भत्ता भी दिया गया। राजा को इस काम का निरीक्षण चार महीने बाद करना था।

रामन को घोड़ों और उनकी देखरेख की कोई जानकारी नहीं थी, लेकिन फिर भी इस काम के लिए मिलने वाले धन का विचार कर उसने भी एक घोड़ा मांगने की बात सोची। अपने संदेह को दबाते हुए राजा ने विदूषक की प्रार्थना स्वीकारते हुए उसे एक घोड़ा दे दिया। अब रामन के पास एक मज़बूत कद-काठी वाला बढ़िया घोड़ा था।

उस बढ़िया नस्ल के घोड़े की ख़ूबसूरती का रामन के लिए मोल नहीं था। उसने उसे जमीन से लगभग चार फुट ऊंचे एक अंधेरे कमरे में बांध दिया, जिसकी दीवार में केवल एक छोटा-सा छेद था। वह उसे रोज़ मुट्ठी भर फूस खिलाता, जिसे भूखा घोड़ा तेज़ी से झपट लेता। इस बीच उसकी देखभाल के लिए मिला धन महंगी चीज़ें ख़रीदने में ख़र्च हो गया। अब घोड़े के निरीक्षण का समय आ पहुंचा। रामन इसे लेकर थोड़ा आशंकित था।

निरीक्षण के दिन रामन राजा के सामने घोड़े के बिना पहुंचा। उसने दुख भरी आवाज़ में कहा, 'महाराज, मैं घोड़े को अपने आप नहीं ला सकता। वह तो बहुत खूंखार है। आप कृपया घोड़ों के सईस को कहें कि वह उसे यहां ले आए।'

फूस के रंग की दाढ़ी वाले सईस मोहम्मद अनवर ने जब यह

बात सुनी तो वह बहुत बिगड़ा। 'वह इतना खूंखार कैसे हो सकता है? वह तो बढ़िया नस्ल का घोड़ा है। उसकी नस्ल में इस तरह का जंगलीपन हो ही नहीं सकता।'

रामन अपनी बात पर अड़ा रहा और उसने सईस को अपने घर आकर ख़ुद ही घोड़ा देखने को कहा। वह मोहम्मद अनवर को अपने घर के पास बने कमरे पर ले गया। कांपते हुए उसने उधर इशारा किया, 'वहां, उस छेद से देखिए। घोड़ा इतना ख़तरनाक है कि मुझे उसे वहां बंद करना पड़ा।'

'बकवास!' मोहम्मद अनवर चिल्लाया। 'दरअसल तुम कायर हो। तुम घोड़ों के बारे में कुछ नहीं जानते। मैं ख़ुद ही इसे देखता हूं।'

ऐसा कहते हुए उसने अपना सिर उस छेद में डालने की कोशिश की। अचानक उसे अपनी दाढ़ी में कुछ चुभता हुआ लगा। उसने छूटने की कोशिश की तो पाया कि वह तो दीवार से लटका हुआ है। भूखे घोड़े ने उसकी दाढ़ी को फूस समझकर चबा लिया था।

'बचाओ!' सईस चिल्लाया। 'मुझे बचाओ रामन! यह घोड़ा तो मुझे छोड़ ही नहीं रहा!'

'मैंने कहा था न!' कहते हुए रामन मदद लेने के लिए भागा।

जब यह ख़बर दरबार तक पहुंची तो राजा कृष्ण देवराय भी सिपाहियों के साथ उस खूंखार घोड़े को देखने पहुंचे। तब तक चिल्ला-चिल्लाकर मोहम्मद अनवर का गला सूख चुका था। लेकिन राजा को देखकर उसने फिर से चिल्लाना शुरू कर दिया।

'इस आदमी को छुड़ाओ!' राजा ने आदेश दिया। एक सिपाही आगे बढ़ा और सावधानी से उसने कैंची से उसकी दाढ़ी काट दी। दाढ़ी कटते ही मोहम्मद अनवर धम से ज़मीन पर गिरा और अपनी

ठुड्डी सहलाने लगा। उधर मरियल घोड़े को बाकी सिपाहियों ने बाहर निकाला।

उसे देख राजा हैरानी से चिल्लाया। 'तुमने इस घोड़े का क्या हाल बना दिया रामन?'

'महाराज, ऐसी हालत में भी घोड़े ने इनकी दाढ़ी का क्या हाल किया और इन्हें बचाने के लिए आपकी मदद लेनी पड़ी। अगर इसे ठीक से खिलाया-पिलाया जाता तो यह क्या करता?' रामन ने तुरंत जवाब दिया।

थोड़ी देर के लिए राजा की त्योरी चढ़ गई। लेकिन वह थोड़ा मुस्कुराया। 'अरे बदमाश! तुम्हारा जवाब हमेशा तैयार रहता है। मैं दरबार में तुम्हारी शक्ल भी नहीं देखना चाहता।' कहकर राजा मुड़ा और वहां से चल दिया। उसने सईस को घोड़े की देखभाल का दायित्व दे दिया।

दो सप्ताह बीत गए। रामन दरबार नहीं गया। लेकिन फिर भी दरबार में अपना भाग्य फिर से आज़माने के लिए वह बेताब था। उसे विश्वास था कि राजा का गुस्सा अब ठंडा हो गया होगा।

एक शाम वह दरबार में जाने के लिए महल पहुंचा।

'राजा ने आपको अंदर आने की अनुमति नहीं दी है,' द्वारपाल ने कहा। 'वैसे भी राजा साहब नृत्य देख रहे हैं और उन्होंने कहा है कि कोई भीतर न आए! मैं आपको अंदर नहीं जाने दे सकता।'

रामन ने कंधे उचकाते हुए कहा,'कोई बात नहीं। वैसे अब राजा मुझसे नाराज़ नहीं हैं और उन्होंने मुझे एक ईनाम देने के लिए बुलाया है। लगता है वे तुम्हें यह बात बताना भूल गए।' कहते हुए वह जाने लगा।

राजा द्वारा अक्सर विदूषक को ईनाम दिए जाने की बात हर कोई जानता था। द्वारपाल को तो यह भगवान द्वारा भेजा गया

अवसर लगा। उसने रामन को बुलाते हुए कहा, 'अगर यह वादा करो कि राजा द्वारा दिए ईनाम का आधा मुझे दोगे तो मैं तुम्हें अंदर जाने दूंगा।'

रामन ने हामी भरी। अंदर वाले द्वार पर दूसरे द्वारपाल से भी उसने आधा ईनाम बांटने का वादा किया।

दरबार में घुसते हुए रामन ने एक संतरी से छड़ी छीनी और नृत्य के बीच में नर्तक को छड़ी मार दी। नर्तक दर्द से कराहने लगा।

रामन के अचानक आने और इस तरह की हरकत करने से राजा आगबबूला हो गया। उसने प्रमुख रक्षक काम नायक को बुलाकर आदेश दिया, 'मैंने बहुत से उपहार देकर इसे बिगाड़ दिया है। आज मैं इसे एक अलग चीज़ दूंगा। इसे दो दर्जन कोड़े लगाओ।'

'ठहरिए महाराज!' रामन ने कहा। 'मैं आपका उपहार पहले ही बांट चुका हूं।'

'तुम्हारे कहने का क्या मतलब है?' राजा ने गुस्से से पूछा।

रामन ने सारी बात राजा को बताई। भ्रष्ट द्वारपालों को राजा ने बुलाया और दोनों को कोड़े लगवाए। उसके बाद इस सारे अप्रत्याशित घटनाक्रम से चकित राजा ज़ोर-ज़ोर से हंसने लगा।

'तो क्या मुझे क्षमा मिल गई है, राजन?' रामन ने थोड़ी विनम्रता से कहा।

'हां, चालाक विदूषक,' मुस्कुराते हुए राजा ने सोने की एक थैली उसकी ओर फेंकी। 'तुम चाहे जो भी करते हो, लेकिन मुझे हंसाते तो हो!'

रामन ने राहत की सांस ली। राजा के मनपसंद लोगों में फिर से शामिल होना उसे अच्छा लगा!

प्रसिद्ध फल

तेनाली रामन अपनी पत्नी मंगम्मा को बहुत चाहता था। लेकिन उसे उसका परिवार, विशेषकर उसका भाई पिचय्या बिलकुल पसंद नहीं था।

शुरू-शुरू में पिचय्या अक्सर रामन की बड़ी-बड़ी योजनाओं पर नाक-भौं सिकोड़ता था। लेकिन रामन के राजा के दरबार में पहुंचने और राजा द्वारा उसका सम्मान किए जाने के बावजूद पिचय्या उसकी अवहेलना करता था।

रामन को अपने साले का यह बर्ताव बिलकुल पसंद नहीं आता था और उसका स्वयं को श्रेष्ठ समझना भी अजीब लगता था क्योंकि ना तो पिचय्या आज तक अपने गांव से बाहर निकला

था और ना ही दुनिया के बारे में कुछ जानता था।

पिचय्या चाहे रामन को पसंद करे या न करे, लेकिन उसे रामन के घर मिलने वाले ठाठ-बाट का मज़ा लेने में कोई परेशानी नहीं थी और बिन बुलाए महनान की तरह वे रामन के घर की ओर चल पड़ा।

यह समाचार सुनते ही रामन का चेहरा उतर गया, लेकिन अपनी पत्नी की खुशी देखकर उसने यह जाहिर नहीं होने दिया।

'मैं बहुत खुश हूं,' मंगम्मा चहकी।

'मैं समझ सकता हूं,' परेशान रामन मुस्कुराया। 'हमें तुम्हारे भाई की आवभगत अच्छी तरह करनी चाहिए। उसे बढ़िया खाना-पीना खिलाना चाहिए, ताकि उसे भी पता चले कि हम कैसे रहते हैं।'

शहर पहुंचने पर शहर की भव्यता देखकर पिचय्या की आंखें खुली की खुली रह गईं। मंगम्मा से बातचीत में वह बार-बार आश्चर्य प्रकट करता रहा। इससे रामन को बहुत अच्छा लगा और इसलिए उसने विजयनगर की सभी शानदार जगहें पिचय्या को दिखाने की बात सोची, ताकि वह उसे और प्रभावित कर सके।

एक दिन वह पिचय्या के लिए बढ़िया फलों का एक टोकरा लाया। उसमें सुनहरे आम, रसीले शरीफे, अनन्नास, पपीते और काजू थे। पिचय्या ने फल मुंह में भरे और आनंद से अपनी आंखें बंद कर लीं। 'यह तो अमृत है,' वह बुदबुदाया और फिर तेज़ी से सभी फल चट कर लिए।

'तुम्हें ये फल कहां से मिले? मुझे और चाहिए,' वह बोला।

'ये राजा के बगीचे के हैं। बीजापुर के सुलतान ने अपने महल के बाग़ में उगे इन कलमी आमों के दस पौधे राजा को भेंट किए थे। बाकी फल पुर्तगाली यहां लाए थे। सभी फल राजा के हैं और

उन्हीं के बाग में उगाए जाते हैं। उन्होंने चेतावनी दी है कि इन फलों को चुराने की कोशिश करने वाले को मृत्युदंड दिया जाएगा।' रामन ने बताया।

'तो तुम्हें ये फल कैसे मिले?' पिचय्या ने पूछा।

'राजा की मुझपर कृपा है, इसलिए वे मुझे इस तरह की चीज़ें देते रहते हैं।' रामन मुस्कुराया।

पिचय्या ने उसे ईर्ष्या भरी नज़र से घूरकर देखा। तभी उसने एक प्रण किया। वह राजा के बाग़ से फल चुराएगा और पेट भरकर खाएगा। 'इतने बड़े बगीचे से कुछ फल ग़ायब होने की बात कौन जान पाएगा?' उसने सोचा।

उस रात रामन और मंगम्मा के सो जाने के बाद पिचय्या घर से निकला और महल की ओर बढ़ा। वह उधर कई बार जा चुका था, इसलिए उसे रास्ता अच्छी तरह मालूम था। अमावस्या की रात थी और चारों ओर घुप्प अंधेरा था, इसलिए वह आसानी से चुपचाप बगीचे में घुस गया।

कुछ देर अंधेरे में रहने के बाद उसे पेड़ों पर लटके रसीले फल दिखाई दिए। बस पलक झपकते ही उसने फल तोड़कर अपने मुंह में डाल लिए। फलों का स्वाद चखते ही संतुष्टि से उसने आवाज़ निकाली। धीरे-धीरे ये आवाज़ें तेज़ होने लगीं।

'शानदार!' आख़िरी आम खाते हुए पिचय्या चिल्लाया। 'बहुत बढ़िया!' शरीफ़ा चखकर उसने कहा। 'लाजवाब!' एक बड़ा पपीता हाथ में आते ही वह बोला।

तभी उसे एक संतरी अपनी ओर आता हुआ दिखाई दिया।

शोर मचाकर चोरी करने का परिणाम पिचय्या को समझ में आ गया। लेकिन बहुत देर हो चुकी थी। उसने रामन का साला होने की बात भी कही। लेकिन बाकी रात जेल में बिताते हुए वह

अपनी ग़लती के बारे में और आने वाले कल के बारे में सोचने लगा।

अगले दिन आगबबूला कृष्ण देवराय ने पिचय्या को मृत्युदंड सुना दिया। यह राजा के बगीचे से फल चुराने का परिणाम था।

रामन और मंगम्मा पिचय्या के बारे में ही सोच रहे थे कि उन्हें यह समाचार मिला। मंगम्मा निराशा से हाथ मलने लगी। 'आपको मेरे भाई को बचाना ही होगा। आपको किसी भी तरह यह करना होगा।' उसने रामन से प्रार्थना की।

'पता नहीं,' रामन दुखी होकर बोला। 'मैंने उसे कहा था कि फल के मामले में राजा बहुत संवेदनशील है। क्या मैंने नहीं कहा था? तो फिर क्यों उसने...?'

'मैं कुछ नहीं सुनना चाहती,' मंगम्मा बोली। 'आप ही उन्हें बचा सकते हैं। मेरे लिए आपको यह करना होगा।'

'ठीक है,' रामन ने भारी मन से कहा। 'लेकिन बहुत आशा मत रखना।' बहुत चिंतित होकर वह दरबार की ओर चला।

कृष्ण देवराय ने रामन को देखकर कहा, 'मैं जानता हूं कि तुम क्यों आए हो। लेकिन सौगंध लेता हूं कि जो तुम अपने साले के लिए कहोगे, मैं वह बिलकुल नहीं करूंगा।'

'आप इस लालची, धूर्त को मृत्युदंड दे दीजिए,' रामन ने तुरंत कहा।

राजा आश्चर्यचकित रह गया। 'क्या...?'

रामन कहता रहा, 'और याद रखिए कि आपने सौगंध खाई है कि आप वह बिलकुल नहीं करेंगे, जो मैं कहूंगा।'

एक पल के लिए राजा कुछ नहीं कह सका। फिर वह ज़ोर से हंसने लगा। 'रामन तुमने मुझे फंसा दिया। अब मैं उस बदमाश को फांसी नहीं चढ़ा सकता। लेकिन उसे तुरंत नगर छोड़कर जाने

को कहो,' राजा बोला।

'मैं ऐसा ही करूंगा,' राहत भरे स्वर में रामन ने जवाब दिया।

पिचय्या को रिहा करके उसकी बहन के पास पहुंचा दिया गया। मौत को इतना निकट से देखने के बाद वह इतना डर गया था कि उसने वहां एक मिनट भी रुकना ठीक नहीं समझा। उसने अपना सामान बांधा और बहन के विरोध के बावजूद जेल से छूटने के एक घंटे के भीतर वह नगर छोड़कर जाने के लिए तैयार था। रामन को विश्वास था कि अब कुछ समय तक तो उसे अपने साले की शक्ल फिर से नहीं देखनी पड़ेगी।

चित्रकार की कला

एक दिन कृष्ण देवराय अपने मंत्रियों और दरबारियों को अपने पुराने महल से कुछ दूरी पर बना नया महल दिखाने ले गए।

एक प्रसिद्ध कलाकार ने महल की दीवारों पर सुंदर कलाकृतियां बनाई थीं और राजा चाहते थे कि बाकी लोग भी उनकी प्रशंसा करें। *रामायण* और *महाभारत* से लिए गए सजीव दृश्यों को देखकर राजा बुदबुदाया, 'ये कितने सुंदर हैं!' सब लोगों ने मिलकर हामी भरी, लेकिन रामन थोड़ा असमंजस में दिखा।

एक बात मेरी समझ में नहीं आई,' कहते हुए रामन ने राम के चित्र की ओर इशारा किया। 'इनका आधा चेहरा कहां है?'

'अरे मूर्ख, ये चेहरे का रेखाचित्र है,' राजा ने हंसते हुए कहा।

'चेहरे' के बाकी हिस्से की तुम्हें कल्पना करनी होगी, बस इतनी-सी बात है।'

रामन की अज्ञानता पर सब मुस्कुराए, जिससे रामन और चिढ़ गया पर उसने आगे कुछ नहीं कहा और बात वहीं खत्म हो गई।

एक महीने बाद रामन ने राजा को बताया कि वह चित्रकारी सीख रहा है। 'आपने जो चित्र देखे हैं, मैं उन्हें बना सकता हूं। मुझे लगता है कि मैंने यह कला पूरी तरह सीख ली है,' रामन ने डींग मारी।

'यह तो बहुत अच्छी बात है!' राजा ने कहा। 'मैं तुम्हें अपनी प्रतिभा साबित करने का मौका दूंगा। तुम मेरे ग्रीष्मकालीन महल की दीवारों पर चित्रकारी कर सकते हो, लेकिन ज़रा जल्दी करना, कुछ ही दिन में वहां एक प्रतिष्ठित अतिथि आकर ठहरने वाले हैं।'

रामन ज़ोर-शोर से अपने काम में लग गया। एक महीने बाद उसने राजा और सभी दरबारियों को अपनी कला देखने के लिए आमंत्रित किया।

जब सारे दरबारी महल में पहुंचे तो जैसे वहां चुप्पी छा गई।

क्रोधित राजा चुप्पी तोड़ते हुए गरजे, 'ये तुमने दीवारों का क्या हाल बनाया है, रामन? तुमने हर जगह शरीर के अलग-अलग हिस्से बनाए हैं। कहीं हाथ हैं, कहीं पैर, कहीं घुटने हैं, कहीं कोहनियां, कंधे, नाक, आंखें, कान, दांत...! यह क्या बकवास है? शरीर के बाकी हिस्से कहां हैं?'

'आपको उनकी कल्पना करनी होगी। ये तो स्पष्ट-सी बात है, महाराज।'

राजा पहले तो गुस्से के कारण बिलकुल शांत रहे। फिर चिल्लाए, 'यह तुमने क्या किया मूर्ख! इस महल की दीवारें बर्बाद कर दीं। मैं अब इसे अपने अतिथि के लिए कैसे समय पर तैयार

करवा पाऊंगा?'

उन्होंने अपने दो संतरियों को आज्ञा दी, 'मैं इस आदमी से परेशान हो गया हूं। इसे ले जाओ और इसका सिर एक ही बार में धड़ से अलग कर दो।'

उधर राजा अपने महल को देखकर परेशान थे और इधर सिपाही रामन को घसीटकर ले जा रहे थे।

'मेरा एक अंतिम निवेदन है,' रामन ने संतरियों से कहा। 'मैं मरने से पहले पानी में खड़े होकर एक घंटे तक ईश्वर से प्रार्थना करना चाहता हूं, ताकि मैं सीधे स्वर्ग पहुंच सकूं।'

'ठीक है,' एक संतरी ने कहा। 'लेकिन ज़्यादा होशियारी दिखाने की कोशिश मत करना।'

'बिलकुल नहीं,' रामन ने ज़ोर-से अपना सिर हिलाकर कहा। 'आप लोग अपनी तलवार निकालकर मेरे साथ खड़े रहना और अगर मैं बचने की कोशिश करूं तो मेरा सिर काट लेना।'

तीनों आदमी नदी पर पहुंचकर उसमें चले गए। रामन आंखें बंद कर ईश्वर को याद करने लगा और दोनों संतरी उसके आसपास खड़े हो गए, ताकि भागने की कोशिश करने पर उस पर वार कर सकें। थोड़ी देर बाद ठंडे पानी और भीगे कपड़ों में खड़े दोनों संतरी परेशान होने लगे। लेकिन उन्होंने प्रार्थना कर रहे रामन को परेशान करना ठीक नहीं समझा, क्योंकि थोड़ी देर में ही वह मरने वाला था।

लगभग पैंतालीस मिनट बाद अचानक 'काटो!' कहकर रामन ने नदी में डुबकी लगा दी। घबराए हुए संतरियों ने तलवारें चला दीं, लेकिन उनकी तलवारें आपस में टकरा गईं। रामन ग़ायब हो चुका था।

अच्छी तरह तलाश करने पर उन्हें रामन मिल गया और वे

उसे किनारे पर ले आए।

जैसे ही उसे मारने के लिए उन्होंने तलवारें निकालीं, रामन ज़ोर से बोला, 'रुको! तुम राजा की आज्ञा तोड़ रहे हो।'

'क्या मतलब?' संतरी गरजे।

मुस्कुराते हुए रामन बोला, 'राजा ने कहा था कि तुम एक बार में ही मेरा सिर धड़ से अलग कर देना, लेकिन ऐसा नहीं हो सका। उन्होंने दूसरी कोशिश के बारे में कुछ नहीं कहा था। इसलिए तुम अब मुझे नहीं मार सकते।'

उनके पास इसका कोई जवाब नहीं था। पानी में भीगे हुए तीनों चुपचाप महल की ओर चल पड़े।

रामन जानता था कि कृष्ण देवराय का गुस्सा अब ठंडा हो गया होगा और अब उन्हें पछतावा हो रहा होगा। इसलिए वह दरबार में पहुंचकर बोला, 'महाराज, एक मनुष्य के जीवन का मूल्य ख़राब हुई दीवारों से कहीं ज़्यादा है।'

आश्चर्य से उछलते हुए राजा ने राहत भरे स्वर में पूछा, 'तुम बच कैसे गए?'

रामन ने राजा को पूरी कहानी सुना दी और कुछ ही देर में राजा हंसते-हंसते लोटपोट हो गए थे।

'तुम तो बहुत ही चालाक हो, रामन!' राजा ने कहा। 'मैं इस बार तुम्हें माफ़ करता हूं, क्योंकि मैं तुम्हारे तेज़ दिमाग और साहस का कायल हो गया हूं। लेकिन ध्यान रहे, फिर कभी ऐसी कोई शरारत न करना।'

'बिलकुल नहीं, महाराज!' रामन ने झट से जवाब दिया और राहत की सांस लेता हुआ अपने कपड़े बदलने अपने घर की ओर चल दिया।

जिसने कभी जम्हाई नहीं ली

अन्य राजाओं की तरह राजा कृष्ण देवराय की भी कई महारानियां थीं। रामन को रानी तिरुमलादेवी सबसे अधिक पंसद थीं। वे बहुत हाज़िरजवाब थीं और उन्हें हास्य की अच्छी समझ थी, इसलिए रामन की हाज़िरजवाबी और उसके मज़ाक का वे बहुत आनंद लेती थीं।

एक दिन रानी द्वारा बुलवाए जाने पर रामन ने सोचा कि वे रोज़ की तरह हास्य कथाएं सुनना चाहती होंगी। लेकिन रानी से मिलकर उसे पता लगा कि उनका मन दुखी था।

'क्या परेशानी है?' रामन ने चिंतित होकर पूछा।

‘राजा मुझसे नाराज़ हैं,’ रानी ने कहा। ‘लेकिन उसमें मेरी कोई ग़लती नहीं है। तुम्हें मेरी मदद करनी होगी।’

‘मैं मदद ज़रूर करूंगा, लेकिन पहले मुझे पूरी बात बताइए,’ रामन ने आश्वासन देकर कहा।

रानी तिरुमलादेवी ने गहरी सांस ली। ‘राजा मुझे अपना सबसे नया नाटक सुना रहे थे। उसका नाम *जांबवती कल्याणम्* है। मैं बहुत ध्यान से नाटक सुन रही थी कि अचानक मुझे जम्हाई आने लगी। मैंने उसे बहुत रोकने की कोशिश की, लेकिन सफल नहीं रही और मुझे जम्हाई आ ही गई। राजा को बहुत क्रोध आ गया। वे नाटक लेकर बाहर निकल गए और तबसे मैं उनसे नहीं मिली।’

‘यह बहुत सरल सी बात है। आप क्षमा मांग लीजिए,’ राहत से भरे रामन ने कहा।

‘कैसी बात करते हो, रामन,’ रानी ने टोकते हुए कहा। ‘मैंने माफ़ी मांगी थी, लेकिन उसका उन पर कोई असर नहीं हुआ।’ सोच में डूबी रानी कुछ देर चुप रही और फिर बोली, ‘एक बार रानी चिन्नदेवी के अपने पलंग पर बने राजा के चित्र की ओर पैर करके सोने की बात से राजा उनसे बहुत नाराज़ हुए थे। तब रानी ने कवि नंदी थिमन्ना से इस बारे में एक कविता लिखवाई थी कि किस प्रकार प्रेम में मनुष्य से कुछ ग़लतियां हो जाती हैं। कविता सुनकर राजा ने रानी को तुरंत क्षमा कर दिया था। अब तुम्हें मेरी सहायता करनी होगी।’

‘अब मैं जम्हाई पर तो कविता नहीं लिख सकता,’ रामन ने थोड़ा चिढ़कर जवाब दिया। ‘लेकिन मैं अपने तरीके से इस मामले को सुलझाऊंगा।’

रामन अपने दिमाग पर ज़ोर डालते हुए महल से निकला और जल्दी ही उसे एक हल सूझ गया।

अगले दिन दरबार में विजयनगर साम्राज्य के कुछ हिस्सों में धान की स्थिति पर चर्चा हो रही थी। इसकी बात पहले तय हो चुकी थी, अब रामन को अपनी बारी की प्रतीक्षा थी।

'हमें इन इलाकों में धान की पैदावार बढ़ानी होगी,' राजा ने कहा। 'लेकिन हम ऐसा कैसे करें? हमने राया नहर और नागलपुरम तालाब से पानी वहां पहुंचाया है, लेकिन यह भी पर्याप्त नहीं है।'

रामन अपने हाथ में धान का एक बीज लेकर तुरंत खड़ा हो गया। 'मेरे पास एक हल है, महाराज! अगर यह बीज बोया जाए तो फसल तीन गुना तक बढ़ सकती है।'

'बहुत बढ़िया!' राजा ने उत्साहित होकर कहा। 'इससे हमारी समस्या हल हो जाएगी। लेकिन एक बात बताओ, यह बीज तुम्हें कहां मिला? क्या इसे विशेष मिट्टी या फिर खाद की ज़रूरत होगी या...'

'नहीं, ऐसा कुछ भी नहीं,' रामन का जवाब था। 'केवल एक शर्त है कि इसे बोने, इसकी देखभाल करने या इसे काटने वाले इंसान ने कभी जम्हाई न ली हो और न ही वह कभी जम्हाई लेगा।'

'अरे मूर्ख!' राजा चिल्लाए। 'क्या दुनिया में कोई भी ऐसा आदमी है, जिसने कभी जम्हाई न ली हो? क्या किसी को जम्हाई लेने से रोका जा सकता है?'

'मैं यह बात भूल गया था,' रामन ने उदासी भरे स्वर में जवाब दिया। 'मैं कितना मूर्ख हूं! अच्छा हुआ आपने याद दिला दिया, महाराज! मुझे रानी तिरुमलादेवी को जाकर अपनी इस भूल के बारे में बताना होगा।'

एक पल के लिए वहां चुप्पी छाई रही। ऐसा लगा कि राजा

अभी अपना आपा खो देंगे, लेकिन फिर वह कुछ सोच में डूबे दिखे। कुछ देर में वह रामन को देखकर मुस्कुराए, 'ठहरो, मैं जाकर यह बात बता देता हूं।' फिर राजा ने सोने की एक थैली रामन की ओर फेंकी, 'तुम इसके हकदार हो,' कहकर राजा रानी को मनाने चले गए।

थोड़ी देर बाद रामन को एक और थैली ईनाम में मिली और यह रानी तिरुमलादेवी की ओर से थी।

मियाँ की जूती, मियाँ के ही सिर पर

रामन को राजा कृष्ण देवराय की उदारता, हास्य की उनकी समझ और उनकी बुद्धिमत्ता जैसे गुण बहुत पसंद थे। लेकिन राजा के चरित्र में कुछ बातें परेशान करने वाली थीं और उनमें से एक थी, साफ़-सफ़ाई को लेकर उनकी सनक। वैसे सफ़ाई का ध्यान रखने में कोई बुराई नहीं थी, लेकिन कई बार राजा इस सनक में सभी सीमाएं पार कर जाते थे।

एक बार सुबह राजा के साथ टहलते हुए रामन को भी इस बात का अनुभव हुआ। विचार-विमर्श में वह इतना खोया हुआ था कि उसे पता ही नहीं चला कि कब उसका पैर सड़क किनारे पड़ी

गंदगी पर पड़ गया। उसके दाएं पैर की उंगली बहुत गंदी हो गई। लेकिन पास में ही एक नहर थी, रामन ने वहां जाकर मिट्टी से रगड़कर अपना पैर पानी से अच्छी तरह धो लिया।

रामन जब राजा के पास वापस आया तो उसने देखा कि राजा ने बड़े अजीब ढंग से अपनी नाक-भौं सिकोड़ी। 'चाहे तुम कितना भी धो लो, कुछ-न-कुछ गंदगी तो पैर पर लगी ही रह जाएगी। इसलिए उससे बचने का एकमात्र उपाय है कि तुम अपनी उंगली काटकर अलग कर लो,' राजा ने बहुत सरलता से कहा।

आश्चर्य से रामन का मुंह खुला रह गया। राजा की बात का विरोध करते हुए वह बोला, 'लेकिन आपने देखा कि मैंने उसे मिट्टी से अच्छी तरह रगड़कर फिर पानी से कई बार धो लिया है।'

राजा ने हाथ हिलाकर उसकी बात से असहमति जताई। 'उससे थोड़ी सी गंदगी ही बाहर निकली होगी। मेरे निजी कक्ष में अपनी वो गंदी उंगली लेकर मत आना, वरना मेरा प्यारा फारसी कालीन ख़राब हो जाएगा।'

रामन बुरी तरह खीज गया था। उसने थोड़े तीखे स्वर में पूछा, 'अगर मैं आपको ग़लत साबित कर दूं तो, राजन?'

'कोशिश करके देख लो,' राजा ने कंधे उचकाते हुए कहा, 'लेकिन मैं अपनी राय बदलने वाला नहीं हूं।'

बुरी तरह से परेशान रामन किसी योजना के बारे में सोचते हुए अपने घर की ओर जा रहा था। जैसे ही उसके दिमाग में योजनाएं आने लगीं, उसकी खीज झट से छूमंतर हो गई।

रामन कुछ दिन दरबार से दूर रहा। लेकिन इस दौरान वह बहुत व्यस्त रहा, उसने बढ़िया गुलाब के पौधे खरीदकर अपने

बाग़ीचे में गंदगी से भरे एक गड्ढे में लगा दिया। उसने गड्ढे पर एक पतली परत घास की लगा दी। अपनी मेहनत का फल देखकर रामन बहुत ख़ुश था।

कुछ दिन बाद गुलाब पूरी तरह खिल गए थे। सुबह टहलते हुए रामन राजा के पास गया और राजा से अपने गुलाब देखने की प्रार्थना की। 'वे बहुत सुंदर हैं,' राजा को मनाने के अंदाज़ में रामन बुदबुदाया। 'आप जैसे प्रकृति प्रेमी को खिले हुए गुलाब देखने का यह अवसर नहीं छोड़ना चाहिए।'

'मैं उन्हें ज़रूर देखना चाहूंगा,' राजा मुस्कुराए। 'चलो, अभी तुम्हारे घर चलते हैं।'

गुलाब देखते ही राजा ने प्रशंसा दी। 'कितने प्यारे गुलाब हैं! मैं इन्हें पास से अच्छी तरह देखना चाहता हूं।'

ऐसा कहते ही उन्होंने घास पर पैर रख दिया। घास की पतली परत टूट गई और राजा गंदगी से भरे गड्ढे में गले तक डूब गए।

राजा की चीख़-पुकार को अनसुना करते हुए रामन ने चिल्लाकर कहा, 'एक मिनट रुकिए। मैं तलवार लेकर गरदन के पास तक गंदी जगह को काट देता हूं।'

राजा ने आश्चर्य से विदूषक को देखा। 'क्या? तुम मेरा सिर काटना चाहते हो?' बड़ी मुश्किल से राजा के गले से आवाज़ निकली।

रामन ने सहमति में सिर हिलाया। 'तो और क्या करें? आपने ही उस दिन कहा था कि पैर की उंगली काटने पर ही मैं पूरी तरह साफ़ हो सकता हूं। इसलिए आप भी वैसे ही साफ़ हो पाएंगे।' फिर रुकते हुए वह बोला, 'या फिर कहीं आपने अपनी राय बदल तो नहीं ली है?'

कृष्ण देवराय ने हताशा में अपने दांत पीसे। 'हां, हां, मैंने अपनी राय बदल दी है। इससे पहले कि कोई मुझे इस हालत में देखे, जल्दी से मुझे बाहर निकालो।'

राजा को गंदगी भरे गड्ढे से बाहर निकालते हुए रामन की आंखों में जीत की चमक थी। आख़िर यह राजा की एक सनक का अंत था!

बुद्धिमत्ता की गठरी

कृष्ण देवराय प्रतिभाशाली लोगों को संरक्षण देने के लिए विख्यात थे। विद्वता और कला के क्षेत्र में विजयनगर दरबार प्रसिद्ध था। कहा जाता है कि दरबार के अष्टदिग्गज वाद-विवाद या किसी अन्य साहित्यिक प्रतिभा की प्रतियोगिता में किसी को भी हरा सकते थे। रामन भी इन्हीं अष्टदिग्गजों में से एक था।

इसी कारण बंगाल के प्रसिद्ध विद्वान राम शास्त्री भी विजयनगर दरबार में स्वयं की प्रतिभा सिद्ध करना चाहते थे। वाराणसी और उड़ीसा के दरबारों में जीत प्राप्त करने के बाद वे विजयनगर दरबार पहुंचे और यहां के विद्वानों को मुकाबले की चुनौती दी।

महान विद्वान की चुनौती पर राजा कृष्ण देवराय विनम्रता से

मुस्कुराए। उन्हें पूरा भरोसा था कि उनके दरबार के आठ रत्नों में से कोई-न-कोई इस चुनौती को अवश्य स्वीकार करेगा और वाद-विवाद में घमंडी विद्वान को हराकर दरबार का मान बनाए रखेगा। लेकिन उन्हें यह देखकर बड़ी निराशा हुई कि राम शास्त्री द्वारा चुनौती देकर जाने के बाद किसी ने भी आगे बढ़कर उसे स्वीकारने की हिम्मत नहीं की। तब राजा के व्यंग्य बाणों और धमकियों का भी उन पर असर नहीं पड़ा तो राजा ने हर एक से अलग-अलग मिलकर चुनौती स्वीकारने का निवेदन किया, लेकिन उससे भी कोई लाभ नहीं हुआ।

'आप लोग इतना डरे हुए क्यों हैं?' हताश राजा ने पूछा।

'राम शास्त्री की प्रसिद्धि से अच्छे से अच्छा विद्वान भी डरता है,' कवि अल्लासनी पेदन्ना ने कहा। 'उनसे स्पर्धा करने से क्या लाभ है?'

थिमन्ना, रामभद्रैया और अन्य ने सहमति में सिर हिलाया। राजा ने उन्हें फुसलाने, लुभाने और फिर से आदेश देने का प्रयास किया, लेकिन राजा के किसी भी तरीके से वे टस से मस नहीं हुए। कृष्ण देवराय ने सबकी ओर एक नज़र डालते हुए गहरी सांस लेकर कहा, 'तो ठीक है, अब हमारे पास हार मानने के सिवा कोई और चारा नहीं है।'

इस सबके बीच रामन बिलकुल चुप था। अब वह बुदबुदाया, 'नहीं, मेरे रहते ऐसा नहीं हो सकता।'

राजा उसकी ओर मुड़े, उनकी आंखों में हताशा थी, 'उस विद्वान के सामने तुम क्या कर सकते हो?'

रामन ने आहत स्वर में कहा, 'सब भूल जाते हैं कि मैंने *पांडुरंग महात्म्य* और *लिंगपुराण* जैसी दो रचनाएं लिखी हैं। उनकी किताबी विद्वता को मैं अपनी सहज बुद्धि से हरा सकता हूं।'

'कैसे?' राजा ने थोड़े अविश्वास से पूछा।

'बस इन महानुभावों की मदद मिल जाए तो मैं यह काम कर सकता हूं।' रामन ने चुप बैठे विद्वानों की ओर इशारा करते हुए कहा।

'ठीक है,' कहते हुए राजा के मन में शरारतों के प्रति रामन के झुकाव को लेकर थोड़ी आशंका थी और वह यह भी सोच रहे थे कि आख़िर रामन के दिमाग़ में क्या चल रहा है।

अगली सुबह रामन बहुत शान से दरबार में पहुंचा। उसने बहुत बढ़िया कपड़े पहने हुए थे। उसके हाथों में रेशम में लिपटी एक बड़ी सी गठरी थी, जो पुस्तक जैसी लग रही थी। उसके आसपास अन्य दरबारी थे और उसका सिर गर्व से ऊंचा था। यह देखकर कृष्ण देवराय की भौंहें चढ़ गईं, लेकिन उन्होंने कोई प्रश्न नहीं किया।

राम शास्त्री ने रामन को देखकर सम्मान से सिर झुकाया, रामन ने भी ऐसा ही किया। रामन के हाथ में गठरी देखकर राम शास्त्री ने उत्सुकता से पूछा, 'आपके पास यह कौन सी पुस्तक है?'

'यह?' गठरी की तरफ़ रामन ने इशारा किया। 'यह मेरी पुस्तक, *तिलकाष्ट महिष बंधनम्* है। यह वर्णविपर्यय और उससे जुड़े तत्वों के बारे में है।'

महान विद्वान ने एक कदम पीछे हटते हुए अपनी आंखें झपकाईं। उन्होंने अपने दिमाग़ पर ज़ोर डाला, लेकिन उन्हें ऐसी किसी पुस्तक के बारे में कुछ भी याद नहीं आया।

'हम इस पुस्तक पर कल विचार-विमर्श शुरू करेंगे, फिर बाद में अन्य जटिल विषयों की ओर बढ़ेंगे।' कहते हुए रामन ने जम्हाई ली और आसपास ऐसे देखा, जैसे उकता रहे हों।

रामन के बात करने के ढंग और तौर-तरीकों का राम शास्त्री पर गहरा असर पड़ा। किसी तरह उन्होंने हामी भरी और जल्दी से अपने ठहरने की जगह पर पहुंचे। वह पूरी तरह असमंजस और आशंका में थे। उन्होंने अचानक आई रुकावटों के बारे में गंभीरता से विचार किया। सबसे पहले तो उन्हें ऐसी भारी-भरकम पुस्तक पर बहस करनी होगी, जिसके बारे में वह कुछ भी नहीं जानते थे। उनका प्रतिद्वंद्वी बहुत प्रकांड पंडित लगता था, और चुनौती को लेकर उसका रवैया ऐसा लगता था कि जैसे ये सब उसके लिए रोज़ की बात हो। शायद विद्वानों को हराने का वह इतना आदी हो चुका था कि अब वाद-विवाद की बात का उस पर कोई असर नहीं होता था।

राम शास्त्री के आसपास उनकी पुस्तकें थीं, लेकिन उनका दिमाग आशंकाओं से भरा हुआ था। 'यहां से भाग जाने में ही भलाई है,' उन्होंने सोचा। 'मुझे विश्वास है कि मैं यह वाद-विवाद हार जाऊंगा और मेरी ख्याति मिट्टी में मिल जाएगी।'

रातोंरात एक डरपोक व्यक्ति शहर छोड़कर भाग गया। वह उस दंभी व्यक्ति से बिलकुल विपरीत था, जो दो दिन पहले वहां पहुंचा था।

अगली सुबह राम शास्त्री के वाद-विवाद के लिए न पहुंचने पर राजा और दरबारी समझ गए कि वह जा चुका था। रामन गर्व से मुस्कुरा रहा था, जबकि बाकी विद्वान राहत की सांस ले रहे थे।

'यह तो चुनौती का बड़ा हास्यास्पद अंत है,' राजा ने कहा।

'लेकिन रामन हमें अपनी वह पुस्तक तो दिखाओ, जिससे जीत प्राप्त हुई है।'

रामन ने तुरंत रेशमी कपड़ा हटा दिया। गठरी में तिल के पौधे

की टहनियां थीं, जिन्हें भैंस बांधने के काम में लाई जाने वाली रस्सियों से बांधा गया था।

कृष्ण देवराय का मुंह खुला रह गया। 'क्या है यह?' राजा ने पूछा।

'मैंने आपको बताया था,' विदूषक ने कहा। 'यह तिलकाष्ट यानी तिल की टहनियां, जिन्हें भैंस बांधने वाली रस्सी से बांधा गया है, यानी महिष बंधनम्। यही है न?'

राजा हंसते-हंसते लोटपोट हो गए और बाकी लोगों का भी यही हाल था। विजयनगर दरबार की प्रतिष्ठा बचाने के लिए रामन को सोने के सिक्कों की थैली दी गई।

सिर की शर्त

विजयनगर दरबार में बहुत उत्साह था। उत्तर से एक प्रसिद्ध जादूगर आया था और उसके करतब देखकर लोग खुश होकर तालियां बजाते थे। वह कंकड़ों को सोने के सिक्कों में बदल देता, हवा में हाथ हिलाकर कई तरह के इत्र सामने ले आता, यहां तक कि अपना सिर काटकर अपने ही हाथों में पकड़ लेता! कृष्ण देवराय भी उसके जादू से बहुत प्रभावित थे और उन्होंने उसकी बहुत प्रशंसा भी की।

इससे जादूगर की हिम्मत और बढ़ गई और उसने घोषणा की, 'मेरा इस राज्य में कोई प्रतिद्वंद्वी नहीं है, राजन! मैं श्रेष्ठतम हूं। मैं चुनौती देता हूं कि कोई भी अपना करतब दिखाए, अगर मैं हार

जाता हूं, तो मैं विजेता को अपना सिर सौंप दूंगा।'

राजा की त्योरी चढ़ गई। उन्हें यह अच्छा नहीं लगा कि बाहर से कोई आदमी आकर उनके लोगों पर अपनी श्रेष्ठता का दावा करे। जादूगर के चले जाने के बाद राजा ने रामन को बुलाकर कहा, 'अगर तुम जादूगर की चुनौती स्वीकार कर उसे हरा दो तो मैं तुम्हें सोने के एक हज़ार सिक्कों की थैली दूंगा।'

'बिलकुल!' रामन ने तुरंत जवाब दिया।

उसी दिन रामन जादूगर के पास गया और बोला, 'मुझे एक बात का यकीन है कि जो मैं बंद आंखों से अच्छी तरह कर सकता हूं, उसे आप खुली आंखों से नहीं कर पाएंगे।'

'बकवास!' जादूगर ने कहा। 'जो तुम बंद आंखों से कर सकते हो, उसे मैं खुली आंखों से अच्छी तरह कर सकता हूं। अगर नहीं कर पाया तो मेरा सिर तुम्हारा होगा।'

दोनों दरबार में पहुंचे। वहां चुनौती की घोषणा की गई। राजा और अन्य दरबारी पूरी दिलचस्पी के साथ मुकाबला देखने को तैयार थे।

रामन ने हाथ हिलाकर अपनी जेब से पिसी मिर्च की एक डिब्बी निकाली। उसने अपनी आंखें अच्छी तरह बंद कीं और एक चम्मच पिसी मिर्च अपनी पलकों पर रख दी। एक मिनट बाद उसने सावधानी से उसे हटाया और अपनी पलकें पानी से धोकर भौंचक्क होकर देख रहे जादूगर को देखा।

'ठीक है, अब आपकी बारी है। जो मैंने अपनी आंखें बंद करके किया, आप उसे खुली आंखों से कीजिए, वर्ना शर्त पूरी कीजिए।'

जादूगर ने मुश्किल से थूक गटका और समाधान के लिए इधर-उधर निराशा से देखा। आख़िरकार उसने हार मानकर अपने

हाथ खड़े कर लिए। 'मैं हार मानता हूं। आपने जो कहा, मैं वह नहीं कर सकता। अब मेरा सिर आपका है।'

रामन ने कंधे उचकाकर हंसते हुए कहा, 'मैं आपके सिर का क्या करूंगा? यह मेरे किसी काम का नहीं है। मैं अपनी जीत से संतुष्ट हूं।'

जादूगर तेज़ी-से दरबार से निकल गया और इससे ख़ुश होकर कृष्ण देवराय ने चतुर विदूषक को ईनाम दिया। रामन ख़ुशी-ख़ुशी अपने घर चल दिया—वह अपनी जीत पर फूला नहीं समा रहा था।

बगीचे में ख़तरा

दक्षिणी कनारा का प्रशासक जानता था कि राजा कृष्ण देवराय को बढ़िया भोजन बहुत पसंद है, इसलिए उसने राजा को बैंगन के पौधे भेंट किए। कहा जाता था कि ये बैंगन स्वाद में बेहतरीन थे।

पौधों में बैंगन लगने पर उनकी सब्ज़ी बनाई गई, उसे चखते ही राजा ख़ुशी से फूले नहीं समाए। उन्होंने ख़ुश होकर कहा, 'क्या स्वाद है!'

रामन उस समय राजा के पास था, इसलिए उसे भी वह सब्ज़ी दी गई। उसे भी मानना पड़ा कि बैंगन का स्वाद लाजवाब था।

उस शाम जब रामन घर पहुंचा तो वह सब्ज़ी की तारीफ़ में ही

लगा रहा। यह सुनकर मंगम्मा को बहुत ईर्ष्या हुई। 'मुझे भी बैंगन चखने हैं,' उसने कहा। 'मेरे लिए आपको वो बैंगन लाने होंगे।'

'यह नहीं हो सकता,' रामन ने कहा। 'राजा के पहरेदार बगीचे की कड़ी निगरानी करते हैं और चोरी करने वाले का सिर कलम कर देते हैं। तुम पिचय्या वाली घटना भूल गईं क्या?'

मंगम्मा ने अड़ियल रवैया अपना लिया। 'अपनी तुलना पिचय्या से मत कीजिए। मैंने आज तक आपसे कुछ नहीं मांगा है। आपको मेरी बात माननी ही होगी।'

रामन थोड़ा परेशान हो गया, 'यह तो बड़ा जोखिम भरा काम है।'

मंगम्मा के मन में स्वादिष्ट बैंगन की बात घूम रही थी और उस समय बस यही एक चीज़ उसे चाहिए थी। नरम स्वभाव वाली मंगम्मा आमतौर पर संतोषी थी, लेकिन कभी-कभार वह किसी बात पर इतना अड़ जाती थी कि उस समय कोई तर्क काम नहीं करता था।

'मेरे लिए बस इतना कर दीजिए,' कहकर वह चली गई।

रामन इस काम से जुड़े ख़तरों के बारे में उसे बताना चाहता था, लेकिन उसके चेहरे के भाव देखकर रुक गया।

अगली रात रामन राजा के बगीचे में गया और अंधेरे में सावधानी से बैंगन चुरा लिए। वह पंजों के बल चुपचाप बाहर निकल ही रहा था कि उसका कलेजा मुंह को आ गया। कुछ ही दूरी पर प्रधान मंत्री अप्पाजी खड़े थे। अप्पाजी कई बार रामन की शरारतों का शिकार बने थे अगर वे देखते तो उसे ज़रूर पकड़ लेते, क्योंकि वे उसे पसंद नहीं करते थे। रामन एक झाड़ी के पीछे छिप गया और बाद में चुपचाप घर पहुंच गया।

मंगम्मा ने ख़ुशी से बैंगन लिए और सब्ज़ी बनाने चली गई।

जल्दी ही घर में सब्ज़ी की ख़ुशबू फैलने लगी और रामन के नथुने फड़फड़ाने लगे।

मंगम्मा ने सब्ज़ी खाई और आनंद से अपनी आंखें बंद कर लीं। 'इससे बढ़िया सब्ज़ी तो मैंने आज तक नहीं खाई! क्या स्वाद है! क्या ख़ुशबू है!' कहते हुए वह अपने होंठ चाटने लगी।

सब्ज़ी खाते हुए रामन ने भी हामी भरी।

लेकिन तभी मंगम्मा ने ऐसी बात कह दी कि उसकी ख़ुशी पर पानी फिर गया। 'हमें अपने बेटे को भी थोड़ी सब्ज़ी खिलानी चाहिए।' उसने कहा।

रामन की भूख ग़ायब हो गई। उसने सिर हिलाकर मना किया। 'बेवकूफ़ मत बनो! गोपा बस छह साल का है और अगर उससे कभी पूछताछ हुई तो वह सच उगल देगा। हम यह ख़तरा मोल नहीं ले सकते। हम बर्बाद हो जाएंगे। क्या तुम यही चाहती हो?'

'मुझे परवाह नहीं,' मंगम्मा ने अड़ियल ढंग से कहकर होंठ बिचकाकर अपनी बांहें मोड़ लीं। रामन इस रवैये को अच्छी तरह समझता था। इसका मतलब था कि आमतौर पर शांत रहने वाली मंगम्मा को हठ से डिगाना मुश्किल था।

'मैं एक मां हूं और चाहूंगी कि यह लाजवाब स्वाद मेरा बेटा भी चखे। आपको कोई ऐसा रास्ता निकालना होगा कि वह सब्ज़ी खा ले और हम किसी मुसीबत में भी न पड़ें।'

'ठीक है,' कहकर रामन ने गहरी सांस ली।

गर्मी की रात थी, इसलिए गोपा छत पर सो रहा था। रामन ने पानी का घड़ा लिया और अपने बेटे पर उंड़ेल दिया। अचानक भीग जाने से बेटा चौंककर उठ बैठा।

'बारिश हो रही है,' उसके पिता ने चिंतित होकर कहा। 'नीचे

चलो, अपने कपड़े बदलो और मां की बनाई सब्ज़ी खा लो।'

उनींदे बच्चे के कपड़े बदलकर मंगम्मा ने उसे सब्ज़ी खिलाई। उसने स्वाद लेकर उसे खाया और अपने होंठ चाट लिए।

'घर के अंदर सो जाओ। बाहर बहुत बारिश हो रही है,' रामन ने आदेश दिया।

सुबह बैंगन चोरी हो जाने के कारण दरबार में हंगामा मचा था। राजा चहलकदमी कर रहे थे और गुस्से से उनकी मुट्ठियां भिंची हुई थीं।

'चोर का पता लगाओ,' उन्होंने गुस्से से अपने पहरेदारों को कहा। 'चोर ढूंढने वाले को बड़ा ईनाम दिया जाएगा।'

तभी अप्पाजी को कुछ ख्याल आया और वह आगे बढ़ा। 'राजन, कल रात बगीचे के पास मैंने रामन को देखा था। लेकिन अचानक वह ग़ायब हो गया और फिर मुझे नहीं मिला।'

यह सुनकर कृष्ण देवराय अचानक रुके और कुछ सोचने लगे। 'ऐसी शरारत रामन ही कर सकता है,' उन्होंने धीरे-से कहा। 'लेकिन उससे यह बात कैसे मनवाई जाए?' अपने प्यारे बैंगन की याद से राजा को फिर चोट पहुंची और उन्होंने अपनी उंगलियां चटकाईं। 'रामन के बेटे को यहां लाओ। वही हमें सच बताएगा।'

गोपा को दरबार में लाया गया और वह राजा के सामने बहुत शांति से खड़ा रहा। बिलकुल पिता की तरह है, अप्पाजी ने सोचा। रामन से नज़रें मिलने पर उनके चेहरे पर जीत की मुस्कान थी और वे लगभग धमकी भरे अंदाज़ में आगे बढ़े।

'तुमने रात को क्या खाया था?' अप्पाजी ने सख़्ती से पूछा।

'बैंगन की लाजवाब सब्ज़ी,' गोपा ने निडरता से जवाब दिया।

'तुम्हारी चोरी पकड़ी गई है,' अप्पाजी ने रामन से कहा। 'हिम्मत है तो मान लो।'

'बकवास!' रामन ने शांत होकर कहा। 'मेरा बेटा रात को गहरी नींद में था और वह सपने की बात कर रहा है। राजा के यहां खाई गई सब्ज़ी की बात मैं अपनी पत्नी को बता रहा था, ज़रूर इसने वह बात सुन ली होगी और फिर उसका सपना देखा होगा। मैं अभी सब कुछ साफ़ करता हूं। ज़रा इससे पूछिए कि रात को बारिश हुई थी या नहीं।'

'रात को बारिश हुई थी या नहीं,' अप्पाजी गरजे।

'रात को तेज़ बारिश हुई थी। मेरे कपड़े पूरी तरह भीग गए थे और मुझे उन्हें बदलना पड़ा।' गोपा ने जवाब दिया।

अप्पाजी और बाकी लोगों की समझ में कुछ नहीं आया। रात को एक बूंद पानी भी नहीं बरसा था। प्रधान मंत्री ने अपना गला साफ़ किया और अपने पैर रगड़े। कुछ नहीं सूझने पर वे रामन की ओर मुड़े और जल्दी से इस तरह का आरोप लगाने के लिए माफ़ी मांगी।

रामन ने बहुत उदारता से हाथ हिलाया। 'कोई बात नहीं। लोगों से ग़लतियां तो होती रहती हैं।'

कुछ देर बाद बाप और बेटा बैंगन के स्वाद और अप्पाजी के अजीब बर्ताव के बारे में बात करते हुए अपने घर की तरफ़ चल पड़े।

आस्तीन का सांप

राजा कृष्ण देवराय न केवल कला और साहित्य के संरक्षक के रूप में विख्यात थे, बल्कि वे एक वीर योद्धा और सैन्य रणनीति के माहिर भी माने जाते थे। इस कारण बीजापुर के मुलतान की रातों की नींद उड़ी हुई थी। वह जानता था कि राजा देवराय (साथ ही रायचूर और गुलबर्गा के राजा भी) उससे लड़ने की तैयारी कर रहा था और उनका सामना करने के लिए उसे बड़े कदम उठाने थे।

सुलतान ने अपने सबसे चालाक मुस्लिम जासूस, राजा साहिब को बुलाया और उससे तुरंत विजयनगर जाने को कहा। 'तमिल ब्राह्मण का वेश बनाओ, तुम कद-काठी से भी तमिल दिखते हो और उनके सभी अनुष्ठानों तथा रीति-रिवाजों के बारे में अच्छी

तरह जानते हो। कृष्ण देवराय का विश्वास जीतकर सही समय पर उसकी हत्या कर दो। फिर मुझे उसके हमले का ख़तरा नहीं रहेगा और मैं उसके मरने के बाद पैदा हुई अव्यवस्था में विजयनगर पर हमला कर सकता हूं।'

राजा साहिब तुरंत अपने अभियान के लिए चल पड़ा। वह सुलतान का वफ़ादार था लेकिन साथ ही विजयनगर के शासकों से उसकी अपनी निजी दुश्मनी भी थी। वह मदुरा के सुलतान का वंशज था, जिसे विजयनगर साम्राज्य ने गद्दी से उतार दिया था।

वेश बदलकर उसने अपना नाम राजा अय्यर रख लिया और विजयनगर दरबार में पहुंचकर राजा के सामने पेश हुआ। कुछ ही दिन में कृष्ण देवराय मधुरभाषी तमिल ब्राह्मण और उसके वेद, पुराण और शास्त्रों के ज्ञान से बहुत प्रभावित हो गए।

परंतु रामन को इस अतिथि की बातों कुछ ज़्यादा ही आदर्श लगती थी। उसके जवाब कुछ ज़्यादा ही सही और उसका ज्ञान कुछ ज़्यादा ही सटीक लगता था। यह बात रामन को खटक रही थी।

कुछ ही दिनो में राजा साहिब कृष्ण देवराय का कृपापात्र बन गया। राजा से उसे बहुत-से उपहार भी मिले। इसके अलावा उसे कभी भी राजा के पास आने-जाने की छूट मिल गई। यह विशेषाधिकार राजा के कुछ बहुत ही नज़दीकी लोगों के पास था। राजा साहिब अपनी इस सफलता से बहुत उत्साहित था, लेकिन वह जानता था कि उसे सावधानी से आगे बढ़ना होगा।

उसे महल के आंतरिक हिस्से से परिचित होने में कुछ सप्ताह लगे। वह ऐसी जगह खोजना चाहता था, जहां वह राजा पर आसानी से हमला कर सके। लेकिन उसने पाया कि उसे दो प्रमुख समस्याओं का हल खोजना था। एक, राजा हमेशा बहुत-से

लोगों से घिरा रहता था और वे लोग किसी न किसी बात पर विचार-विमर्श करते रहते या किसी चुटकुले पर हंसतें रहते थे। बहुत कम अवसर ऐसे होते जब राजा बिलकुल अकेला होता था। अकेला होने पर ही हमला करके उस पर काबू पाया जा सकता था।

दूसरी समस्या थी, रामन। राजा साहिब को लगता कि रामन की नज़रें हर समय उसे तौलती रहती थीं, यह उसे बहुत बेचैन करता था। रामन हमेशा राजा से जोंक की तरह चिपका रहता। ऐसे में राजा को मारने का काम कैसे हो सकता था। चुपचाप अवसर की प्रतीक्षा करने के अलावा राजा साहिब के पास कोई चारा नहीं था।

इस बीच रामन का संदेह बढ़ता जा रहा था। वह दरबार में राजा साहिब की शास्त्रों की जानकारी की परीक्षा लेकर उसे परेशान करने लगा। बातचीत के बीच में रामन अस्पष्ट टिप्पणियां करता, ताकि राजा साहिब की प्रतिक्रिया देख सके।

एक दिन शाब्दिक युद्ध कड़वाहट की सीमा तक बढ़ गया तो राजा ने अपने विदूषक को समझाने का विचार किया। 'रामन, तुम राजा अय्यर से बहुत अजीब ढंग से बात करते हो। तुम उसे इतना नापसंद क्यों करते हो?'

रामन ने बिना लाग-लपेट के जवाब दिया, 'क्योंकि मुझे लगता है कि यह किसी सुलतान का जासूस है। शास्त्रों का उसका ज्ञान इतना सटीक है कि मुझे नहीं लगता कि वह ब्राह्मण है। आप उसे बिना किसी कारण इतना सम्मान देकर अपने लिए मुसीबत खड़ी कर रहे हैं।'

'क्या तुम पागल हो गए हो?' राजा ने पूछा। 'वह शुद्ध तमिल ब्राह्मण है और बहुत धर्मपरायण है। व्याकरण की दृष्टि से उसकी

संस्कृत तुमसे शुद्ध है और धार्मिक अनुष्ठान वह तुमसे अधिक बारीकी से करता है।'

'इससे कुछ भी साबित नहीं होता,' रामन ने जवाब दिया। 'कोई बाहरी व्यक्ति देश के व्यक्ति से अधिक शुद्ध भाषा बोलेगा। एक सही अनुयायी के मुकाबले कोई झूठा व्यक्ति अधिक ध्यान से अनुष्ठान करेगा।'

कृष्ण देवराय को अब भी विश्वास नहीं हुआ। 'अगर मान भी लें कि यह जासूस है तो कोई सुलतान मुझे क्यों नुकसान पहुंचाएगा? मैं नहीं भी रहा तो मेरे आदमी तो होंगे,' राजा ने कहा।

'यहां लोगों की संख्या नहीं, उनके महत्व की बात है।' रामन ने शुष्क स्वर में कहा। 'आप एक लाखों के बराबर हैं। आपके बिना आपकी सेना टूट जाएगी और दुश्मन हमें नष्ट कर देगा। अब आप समझ रहे हैं कि वह जासूस है? अब क्या आप मुझे उसके चेहरे से पर्दा हटाने देंगे?'

राजा सोच में डूब गए। 'तुम्हारी बात सही तो लगती है। लेकिन तुम इसे साबित कैसे करोगे?'

'विश्वास कीजिए, मैं एक सीधे-सादे प्रयोग से उसके चेहरे से पर्दा हटा दूंगा। उसका असली रंग अपने आप सामने आ जाएगा,' रामन ने थोड़े रहस्यात्मक ढंग से कहा।

'मैं तुम्हें इसकी अनुमति देता हूं,' राजा ने कहा। लेकिन अब भी उनके मन में कुछ संदेह थे। 'लेकिन उस दौरान मैं तुम्हारे साथ रहूंगा। तुम उसे कोई हानि नहीं पहुंचाओगे।'

रामन ने हामी भरी और योजना पर अमल करने के लिए रात का समय चुना। जब महल में सभी लोग सो रहे थे, तब रामन और कृष्ण देवराय चुपचाप राजा साहिब के शयनकक्ष में पहुंचे।

सोए हुए जासूस के पास पहुंचकर रामन ने बर्फ़ीला ठंडा पानी उसके सिर पर उंड़ेल दिया। राजा साहिब अचानक उठकर बैठ गया और 'अल्लाह! अल्लाह! दीन! दीन!' चीख़ते हुए तलवार लेकर रामन की ओर लपका। यह देखकर कुछ देर तक तो राजा कृष्ण देवराय की समझ में कुछ नहीं आया, लेकिन फिर समय रहते उन्होंने स्वयं को संभाला और तेज़ी-से तलवार निकालकर जासूस का सिर धड़ से अलग कर दिया।

इस तरह एक बड़े षड्यंत्र से बच निकलने और अपना जीवन बचाने के लिए कृष्ण देवराय ने रामन को बहुत-बहुत धन्यवाद दिया। इसके अलावा रामन ने उन्हें यह भी याद दिला दिया था कि किसी राजा को विदेशियों पर आसानी से भरोसा नहीं करना चाहिए। रामन हमेशा की तरह अपने घर सोने के सिक्कों से भरी थैली ले गया, वैसे इस बार सिक्कों की संख्या दुगुनी थी।

आम और सलाखें

कृष्ण देवराय अपनी मां से बहुत प्रेम करते थे। उनकी मृत्यु पर वे बहुत दुखी हुए। उनका दुख इस बात से और भी बढ़ गया कि मरने से पहले उनकी मां आम खाना चाहती थीं, लेकिन इससे पहले कि उनके लिए आम लाये जा सकते, वे स्वर्ग सिधार गईं। 'मैं अपनी मां की अंतिम इच्छा पूरी नहीं कर सका,' शोक में डूबे राजा ने कहा। 'काश! वे मरने से पहले आम खा पातीं!'

परेशान राजा ने प्रमुख पुरोहित, ताताचारी से इस मामले में सलाह मांगी। 'अपनी मां की आत्मा की शांति के लिए मुझे क्या करना चाहिए?' राजा ने पूछा।

ताताचारी की आंखें चमक उठीं। यह उनके लिए और साथी

ब्राह्मणों के लिए धन कमाने का अच्छा अवसर था। 'बहुत आसान-सी बात है, राजन!' पुरोहित ने जवाब दिया। 'अगर कोई आदमी अंतिम इच्छा पूरी हुए बिना मर जाता है तो वही चीज़ ब्राह्मणों को दिए जाने से मरने वाले की आत्मा संतुष्ट हो जाती है। 108 ब्राह्मणों को सोने का एक-एक आम देने से आपकी मां की आत्मा संतुष्ट हो जाएगी।'

इस जवाब से राजा ने बहुत राहत महसूस की और उसने ढेर सारा सोना लेकर उससे आम बनावाने का आदेश दे दिया।

जब यह बात रामन के कानों तक पहुंची तो ताताचारी के लालच पर उसे बहुत क्रोध आया। उसे भी धन कमाना अच्छा लगता था, लेकिन मृत्यु को वह पवित्र मानता था और उसे इस प्रकार धन कमाने का माध्यम बनाने की बात से उसे बहुत चिढ़ हुई। उधर 108 ब्राह्मण अपने घर सोने के आम ले जा रहे थे और इधर रामन एक अलग ही योजना बनाने में लगा था।

एक सप्ताह बाद रामन ताताचारी के पास गया और बहुत ही विनम्रता से बोला, 'मुझे आपकी मदद चाहिए।'

विदूषक के प्रति ताताचारी की दुश्मनी जैसी की तैसी थी। भौंहें चढ़ाकर उन्होंने पूछा, 'क्या बात है?'

'मेरी मां की मृत्यु से जुड़ी बात है,' रामन ने जवाब दिया। 'मैं उनकी अंतिम इच्छा पूरी नहीं कर पाया और इस बात से बहुत परेशान हूं। मुझे पता चला है कि वही चीज़ ब्राह्मणों को देने से उनकी आत्मा संतुष्ट हो जाएगी। तो क्या आप बहुत-से ब्राह्मणों के साथ कल मेरे घर आ पाएंगे, ताकि वही चीज़ आपको देकर अपनी मां की अंतिम इच्छा पूरी कर सकूं?'

ताताचारी को यह धन कमाने का ईश्वर द्वारा भेजा गया सुनहरा अवसर लगा। रामन को अक्सर राजा से सोने के सिक्के

और कई प्रकार के उपहार मिलते रहते थे, इसलिए सब जानते थे कि वह कितना धनी है।

ताताचारी ने ऊंची आवाज़ में कहा, 'अवश्य रामन, मैं कल ब्राह्मणों के साथ तुम्हारे घर पहुंच जाऊंगा। तुम तब अपनी मां की इच्छा पूरी कर लेना।'

रामन ने आभार जताया और तेज़ी से अपने घर की ओर चल पड़ा।

अगले दिन ताताचारी अन्य 107 ब्राह्मणों के साथ रामन के घर पहुंचे। धन पाने की ख़ुशी वे छिपा नहीं पा रहे थे। उन्होंने इस बात पर ध्यान नहीं दिया कि उनके अंदर आते ही दरवाज़े कसकर बंद कर दिए गए थे और गर्म सलाखें लिए हुए लोग उनके आसपास खड़े थे।

रामन ने ताली बजाते हुए सबका ध्यान अपनी ओर खींचकर आदेश दिया, 'सलाखें दागना शुरू कर दो।'

पहले तो ब्राह्मणों ने उसे अवाक होकर देखा और फिर जैसे ही रामन के आदमियों ने उन्हें लोहे की छड़ों से दागना शुरू किया, वहां चीख़ने-चिल्लाने की आवाज़ें गूंजने लगीं। कुछ ब्राह्मण दागने वालों की पकड़ से छूटकर दरवाज़े पर पहुंचे और भागने में सफल रहे। ताताचारी भी उनमें से एक थे।

भागकर दरबार पहुंचे क्रोधित ताताचारी ने राजा को सारी बात बताई।

'बाकी ब्राह्मणों को छुड़ा लो और उस दुष्ट को पकड़ लाओ,' राजा ने आदेश दिया। इस बार तो रामन ने सारी हदें तोड़ दी हैं, इस शरारत पर आगबबूला राजा ने सोचा। वह बेसब्री से रामन के आने का इंतज़ार करते रहे और हर पल उनका गुस्सा बढ़ता गया।

विदूषक के आने तक राजा का गुस्सा इतना बढ़ गया था कि

वे उससे कोई बात तक नहीं पूछ पाए।

रामन ने बहुत भोलेपन से कहा, 'पता नहीं सब लोग इतना परेशान क्यों हो रहे हैं? मेरी मां की मृत्यु गठिया से हुई थी और मरने से पहले वे लोहे से खुद को दगवाना चाहती थीं, ताकि उनका दर्द कम हो सके। छड़ें गरम करने से पहले ही उनकी मौत हो गई और मैं उनकी अंतिम इच्छा पूरी नहीं कर सका। मुझे पता चला कि मरने वाला जो चाहता था, अगर वही चीज़ ब्राह्मणों को दे दी जाए, तो मरने वाले की आत्मा संतुष्ट हो जाती है।' फिर उसने ताताचारी की ओर देखकर दुख भरे स्वर में अपनी बात आगे बढ़ाई, 'मेरी मां की आत्मा को संतुष्ट करने के लिए ताताचारी उनकी ओर से यह भेंट लेने के लिए तैयार हो गए थे। अब मैं उनकी अंतिम इच्छा पूरी करने के लिए इन्हें छड़ें दाग रहा हूं, तो ये लोग शिकायत कर रहे हैं।' यह कहते हुए रामन के स्वर में शिकायत का भाव था और उसने बहुत दुख के साथ ताताचारी को देखा।

ताताचारी की दृष्टि रामन पर न होकर नीचे जमी हुई थी। राजा भी सोच में डूब गए थे। उन्होंने कहा, 'ताताचारी, मैं आपसे और अन्य पुरोहितों से बात करना चाहता हूं।'

ताताचारी अप्रसन्नता से आगे बढ़े और रामन ज़ोर-से अपना गला साफ़ करते हुए दोनों पक्षों को वहां अकेला छोड़कर चला गया। उसने अपनी बात साफ़ तौर पर सामने रख दी थी!

वधू की जूती

कृष्ण देवराय और रामन किसी भी विषय पर बातचीत कर सकते थे और उन्हें ऐसा करना अच्छा भी लगता था। लेकिन कई बार अपनी बात को लेकर राजा का रवैया बहुत अड़ियल होता था और रामन इस बात से बहुत चिढ़ता था।

एक बार दोनों इस बात पर चर्चा कर रहे थे कि लोग कई बार कितने भोले-भाले हो सकते हैं। राजा ने टिप्पणी की, 'मैं नहीं मानता कि लोग बहुत भोले होते हैं। उन्हें आसानी से बेवकूफ़ नहीं बनाया जा सकता।'

'मैं नहीं मानता,' रामन ने विरोध किया। 'मैं लोगों को किसी भी चीज़ पर विश्वास करा सकता हूं या उनसे जो चाहे करवा

सकता हूं।'

राजा के अविश्वास जताने पर रामन को बहुत खीज हुई। 'मैं तो किसी से आप पर जूता फिंकवा कर उसे यह भरोसा भी दिला सकता हूं कि वह ठीक काम कर रहा है,' रामन ने कहा।

'अच्छा!' राजा ने हंसते हुए कहा। 'तो मैं तुम्हें चुनौती देता हूं।'

'मैं इसे स्वीकारता हूं, लेकिन मुझे थोड़ा समय चाहिए,' रामन ने कहा।

'जितना समय चाहिए, ले लो,' कहकर राजा कुछ समय बाद ही यह बात भूल गए।

एक महीने बाद विजयनगर दरबार में चारों ओर खुशियां छाई थीं। कुर्ग के पहाड़ी इलाके के मुखिया की सुंदर बेटी शारदम्बल से राजा का विवाह होने वाला था। मुखिया इस अवसर पर होने वाले रीति-रिवाजों से परिचित नहीं था और न ही यह जानता था कि उसे क्या करना चाहिए, इसलिए वह घबराया हुआ था। उसने राजा के सामने अपना डर रखा तो राजा ने जवाब दिया, 'मुझे इससे फर्क नहीं पड़ता, क्योंकि हर जगह के रीति-रिवाज अलग होते हैं। मेरी दिलचस्पी तो आपकी बेटी से शादी करने में है।'

इससे मुखिया की समस्या हल नहीं हुई। मुखिया अब भी परेशान थे और एक दिन रामन के वहां चुपचाप पहुंचने और उससे बात करने पर इस परेशानी का भी हल हो गया। मुखिया ने अपनी समस्या सहानुभूति से भरे रामन को बताई।

'समझिए आपकी समस्या का हल हो गया,' रामन ने दिलासा देते हुए कहा। 'मैं आपको बताऊंगा कि आपको क्या करना है, लेकिन आपको यह वचन देना होगा कि आप किसी को नहीं बताएंगे कि मैंने आपको सब कुछ बताया है। राजा को हम

आश्चर्यचकित कर देंगे।'

मुखिया ने यह बात गुप्त रखने का वचन दिया और रामन की बात बहुत ध्यान से सुनी। अंत में रामन ने कहा, 'एक बहुत महत्वपूर्ण रीति का पालन आवश्यक है। वधू को मखमल की जूती पहननी होगी और विवाह संस्कार के बाद वर जब वधू को घर ले जाने लगेगा तो उसे वह जूती वर को मारनी होगी। मैं तो इस अवसर के लिए विशेष पारंपरिक सुंदर जूती ख़रीदकर भी लाया हूं।'

मुखिया असमंजस में दिखा। 'लेकिन दुल्हन अपने पति पर जूता कैसे फेंक सकती है? यह तो बुरी बात है।'

'लेकिन इस परिवार में नहीं,' रामन ने भरोसा दिलाते हुए कहा। 'यूरोप में भी ऐसा किया जाता है और वे मखमल के बजाय चमड़े का जूता इस्तेमाल करते हैं।' फिर कुछ झिझकते हुए वह बोला, 'अगर आप नहीं चाहते कि आपकी बेटी उस कुल की राजकुमारियों की तरह ऐसा करे तो फिर विवाह की बात भी भूल जाइए।'

मुखिया का चेहरा लाल हो गया। 'मेरी बेटी किसी भी राजकुमारी से कम नहीं है। जूता दीजिए, यह रस्म अवश्य होगी।' दृढ़ स्वर में मुखिया ने कहा।

कुछ दिन बाद धूमधाम के साथ विवाह संपन्न हुआ। दूल्हा-दुल्हन की जोड़ी बहुत अच्छी लग रही थी। जैसे ही वे लोग विजयनगर जाने के लिए तैयार हुए, दुल्हन ने अपनी मखमल की जूती निकालकर राजा को दे मारी। ऐसा करते हुए शारदम्बल का चेहरा खुशी से दमक रहा था, लेकिन माथे पर एक छोटी-सी शिकन भी थी। राजा अपना गाल सहलाने लगे, जहां जूती लगी थी। हैरान राजा अपनी दुल्हन को घूर रहे थे। लोग भी घबराए हुए

और अचंभे में थे।

तभी रामन ने राजा के कान में फुसफुसाते हुए कहा, 'उनकी ग़लती नहीं है। मैंने ही उन्हें ऐसा करने को कहा था। आपको उन्हें माफ़ करना होगा।'

तभी शारदम्बल तेज़ी-से राजा के पास आई और क्षमा मांगते हुए पूछने लगी कि उन्हें कोई चोट तो नहीं आई। राजा ने गला घुटने जैसी आवाज़ निकाली, सिर हिलाया और दुल्हन की जूती उसे वापस कर दी। उनके चेहरे पर फीकी-सी मुस्कान थी।

विजयनगर वापस पहुंचने पर राजा ने रामन से पूरी बात सुनी और सख़्ती से कहा, 'तुमने चुनौती जीत ली। कुछ लोग सचमुच बहुत ही भोले-भाले होते हैं। लेकिन मुझे इस बात पर बहुत गुस्सा आ रहा है कि तुमने अपनी बात साबित करने के लिए इतना क्रूर तरीका चुना। कल दरबार में अपना चेहरा मत दिखाना, वर्ना मैं तुम्हें कोड़े लगवाऊंगा।' यह कहकर राजा चले गए और इस बात से हैरान-परेशान रामन सोचने लगा कि अब इस नई मुसीबत का हल कैसे निकाला जाए।

सुबह जब कृष्ण देवराय अपने दरबार की ओर जा रहे थे तो उन्होंने मुख्य कक्ष के आसपास शोर सुना। शोर सुनकर वे वहां पहुंचे तो देखा कि रामन के चारों ओर भीड़ जमा है और उसने सिर पर सुंदर-सा एक मटका रखा हुआ है, जिससे उसका चेहरा पूरी तरह ढका हुआ है।

'मैंने तुम्हें चेतावनी दी थी न?' गुस्से में राजा ने कहा। 'अब मेरी आज्ञा का पालन न करने पर मुझे तुम्हें कोड़े लगवाने होंगे और...'

'क्या?' रामन ने दबी आवाज़ में कहा। 'लेकिन राजन मैंने आपकी आज्ञा का पूरी तरह पालन किया है। आपने कहा था कि

मैं दरबार में अपना मुंह न दिखाऊं और मैंने ऐसा ही किया है। इस मटके से मेरा चेहरा पूरी तरह ढका हुआ है। है न?'

क्रोध से भरकर राजा ने उसे घूरा लेकिन थोड़ी ही देर में उनके ठहाके गूंजने लगे। इससे रामन को लगा कि अब वह मटका हटा सकता है।

हंसते-हंसते आंखों में आए आंसू पोंछते हुए राजा ने कहा, 'तुम पर गुस्सा करने का कोई लाभ नहीं है।'

रामन ने हंसते हुए सिर हिलाकर जवाब दिया, 'कोई लाभ नहीं, महाराज!'

कुएं का पानी और गर्म पानी

एक साल विजयनगर और आसपास के इलाकों में अचानक भीषण सूखा पड़ा। पानी की भारी कमी हो गई और राजा तथा उनके दरबारियों ने इस समस्या से निपटने के लिए ज़रूरी उपाय किए।

धीरे-धीरे यह परेशानी हल होने लगी, लेकिन एक नई समस्या ने राज्य को घेर लिया। चोरों के एक गिरोह ने लूटपाट करके लोगों के मन में दहशत भर दी।

वे बहुत आसानी से धन और आभूषण चुराकर ले जाते थे। यह सब काम वे बड़ी चालाकी से द्वारपालों की नजर बचाकर करते थे।

लूटपाट की घटनाएं लगातार बढ़ने से राजा का क्रोध बढ़ता जा रहा था। इधर बारिश भी नहीं हो रही थी और कोई नहीं जानता था कि कब फिर से सूखे का सामना करना पड़ जाए।

एक शाम सूखे की समस्या पर विचार करते हुए जब रामन आगे बढ़ रहा था तो उसने अपने विशाल बगीचे को देखा। धुंधली रोशनी में भी फूल और घास मुरझाए हुए लग रहे थे। बगीचे के बीचोंबीच कुएं में थोड़ा पानी था, लेकिन रामन के पास न समय और न ही इतनी हिम्मत थी कि वह उससे पानी निकाल सके। इधर-उधर घूमकर झाड़ियों और पेड़ों को देखते हुए रामन ने गहरी सांस ली। उसे यह देखकर बहुत दुख हुआ।

अचानक बगीचे के किनारे पर लगी झाड़ियों में उसे कुछ हलचल होती दिखाई दी। उसने उस दिशा में फिर से देखा तो उसका संदेह विश्वास में बदलने लगा। झाड़ियों में चोर छिपे थे और उसे जल्दी ही उन्हें सबक सिखाने का उपाय सोचना था।

घर में घुसने तक रामन समस्या का हल सोच चुका था। मुस्कुराते हुए उसने ऊंचे स्वर में रात के खाने की बात की। खाना खाकर वह हाथ धोने घर के पिछवाड़े पहुंचा। तेज़ी-से झाड़ियों पर एक नज़र डालने पर उसे विश्वास हो गया कि चोर अब भी झाड़ी में ही हैं। उसने कुल्ला किया और इस काम में इतना समय लगाया कि मंगम्मा को बाहर देखने आना पड़ा कि आख़िर बात क्या है।

रामन ने ज़ोर-ज़ोर से कहा, 'पता है शहर में रात को चोर घूमते हैं। मुझे नहीं लगता कि हमारी कीमती चीज़ें घर में सुरक्षित हैं। हम उन्हें एक बक्से में डालकर कुएं में फेंक देते हैं। किसी भी चोर को इसका पता नहीं लग पाएगा और हम चैन की नींद सो सकेंगे।'

इस बात से हैरान मंगम्मा कुछ कहने ही जा रही थी कि आंख

से इशारा करते हुए रामन उसे भीतर ले गया। अंदर जाने पर उसने सारी योजना मंगम्मा को समझाई। कुछ ही देर में मंगम्मा अपने काम में लग गई। घर के बेकार पड़े सबसे भारी बर्तन ला-लाकर पीतल के एक बड़े बक्से में डालने लगी।

थोड़ी देर में पसीने से तरबतर रामन किसी तरह घसीटकर भारी-भरकम बक्से को कुएं तक ले आया। बहुत मुश्किल से कुएं की मुंडेर पर बक्सा रखकर उसे अंदर धकेल दिया। छपाक की आवाज़ के साथ बक्सा कुएं के अंदर गिर गया। थका-मांदा रामन आराम करने घर के अंदर चला गया। घर की बत्तियां बुझा दी गईं और सब लोग सोने चले गए।

चोर झाड़ियों से दबे पांव बाहर निकले और रामन की तरह वे भी बहुत ख़ुश थे।

'सब कुछ आसानी से मिल जाएगा!' एक ने हंसकर कहा।

'उस बेचारे को कितना झटका लगेगा, जब देखेगा कि बक्सा वहां नहीं है!' दूसरे ने कहा।

बक्सा ढूंढने के लिए तीनों कुएं से पानी निकालने लगे। पानी काफ़ी था और बहुत नीचे था, इसलिए ऊपर से बक्सा दिखाई नहीं दे रहा था। कुआं खाली करना था। तीनों चोर अपने काम में इतने व्यस्त थे कि उन्होंने देखा ही नहीं कि उनके पीछे एक परछाई छोटी-छोटी नालियां बना रही थी, ताकि सूखे पेड़-पौधों को पानी मिल सके। रामन को चोरों के ठीक पीछे पौधों तक पानी पहुंचाने के लिए नालियां बनाने के लिए खुदाई करनी थी, लेकिन उन्हें इस सबका पता नहीं लगा। पानी की एक भी बूंद बर्बाद नहीं हुई और मिट्टी की भीनी-भीनी गंध सूंघकर रामन को बहुत ख़ुशी हुई।

चोर रात भर काम करते रहे। उन्हें होश तब आया, जब उन्हीं के एक साथी ने देखा कि आसमान साफ़ होने लगा है और

चिड़ियां चहचहाने लगी हैं। 'जल्दी करो! अब हमारे पास अधिक समय नहीं है,' उसने कहा।

बाकी दोनों में से एक ने अपनी कमर पर रस्सी बांधी और कुएं में उतर गया। उसकी आवाज़ से साफ़ था कि उसे बक्सा मिल गया है। बाकी दोनों ने उसे ऊपर खींचा। थोड़ी देर में बक्सा ज़मीन पर था और तीनों अपनी रात भर की मेहनत का फल देखने को आतुर थे।

पहले चोर ने आगे बढ़कर बक्से का ढक्कन खोल दिया। एक पल के लिए चोरों ने उस अजीबोग़रीब संग्रह को देखा और उनके चेहरे पर निराशा छा गई। फिर वे झाड़ियों की ओर भागने लगे। उनका भेद खुल गया था, अब उन्हें वहां से भागना था।

जैसे ही वे झाड़ियों के पास पहुंचे, उन्हें एक आवाज़ सुनाई दी, 'ज़रा ठहरो!' रामन ने उन्हें पुकारा। 'बस थोड़े-से पौधे ही बचे हैं। उन्हें भी पानी देते जाओ।'

चोर तेज़ी-से झाड़ी से निकले और सड़क की तरफ़ भागने लगे। वहां एक पहरेदार ने उन्हें पकड़कर सीधे जेल में डाल दिया।

रामन अपनी नींद पूरी करने अंदर चला गया और बाद में उसने राजा को रात की सारी बात बताई।

कृष्ण देवराय बहुत प्रसन्न हुए। 'अब भी कुछ चोर शहर में हैं। अगर हो सके तो उन्हें भी पकड़वा दो,' राजा ने कहा।

'मैं उन्हें पकड़ने नहीं गया था। लेकिन अगर वे ख़ुद मेरे यहां आते हैं तो मैं उन्हें पकड़वा दूंगा,' रामन ने अपनी बात सामने रखी।

कुछ दिन तक तो चोरी का सिलसिला कम हुआ। लेकिन फिर कुछ दिन बाद रामन को अपने बगीचे में उसी झाड़ी में एक परछाई दिखाई दी। वह अपने बरामदे में पत्नी और बेटे के साथ ऐसे बातें

करता रहा, जैसे कुछ हुआ ही न हो।

'देर हो रही है। जब तक खाना तैयार होता है, आप स्नान कर लीजिए,' मंगम्मा ने कहा।

रामन चुपचाप उठा और दरबार के कपड़े उतारकर कमर पर तौलिया लपेट लिया। मंगम्मा को यह देखकर हैरानी हुई कि गर्म पानी लेकर वह झाड़ियों के पास पहुंच गया। पानी इतना गर्म था कि उससे भाप निकल रही थी।

'यह क्या मूर्खता है?' मंगम्मा ने पूछा।

'आज बाहर की ठंड में गर्म पानी से नहाने की इच्छा है,' रामन का जवाब था।

मंगम्मा ने किसी तरह खुद को रोका और अपने सनकी पति के पीछे-पीछे बगीचे की ओर चल दी। इससे पहले कि वह कुछ कह पाती रामन ने कुछ चुटकुले और दरबार की बातों सुनाकर उसका ध्यान बंटाए रखा। इस दौरान वह थोड़ा-सा पानी अपने पर और बाकी इधर-उधर, विशेष रूप से झाड़ियों में डालता रहा।

चोर अब भी झाड़ी में था, पकड़े जाने के डर से वह हिल भी नहीं पा रहा था। उस पर लगातार गर्म पानी पड़ रहा था, लेकिन फिर भी वह चिल्ला नहीं सकता था।

आख़िरकार रामन ने थोड़ा पानी लेकर मंगम्मा पर डाल दिया। मंगम्मा चीखी और हाथ मलते हुए चिल्लाई, 'क्या आप पागल हो गए हैं? या फिर यह कोई बचकानी हरकत है? तब से देख रही हूं कि आप इतना मूल्यवान पानी इधर-उधर गिराकर बर्बाद कर रहे हैं। और अब मेरे कपड़े भिगो दिए हैं। आप क्या...?'

रामन धीरे-से हंसा और फिर ज़ोर से बोला, 'मैंने तुम पर थोड़ा-सा पानी क्या डाला, तुम तो आगबबूला हो गईं। लेकिन उन सज्जन के बारे में तो सोचो, जिन पर मैंने लगभग आधी बाल्टी

गर्म पानी उंडेल दिया, लेकिन उन्होंने एक उफ़ तक नहीं की।'

मंगम्मा आश्चर्य से अपने पति को घूरने लगी। तभी झाड़ियों के पीछे से एक भीगा हुआ आदमी बाहर निकला और रामन के पैरों पर गिर पड़ा।

'क्षमा कर दीजिए! अगर आप मुझे छोड़ देंगे तो मैं कभी किसी को नहीं लूटूंगा,' चोर बोला।

'तुम्हें इससे अधिक कुछ करना होगा,' शांति से खुद को पोंछते हुए रामन ने कहा। 'बेहतर होगा कि तुम और तुम्हारा दल शहर छोड़कर चला जाए। वरना तुम्हें परिणाम भुगतना होगा।'

चोर उसे देखने लगा।

'तुम नहीं जानते कि मैं तुम सबको पकड़ सकता हूं,' रामन ने जल्दी-से कहा।

चोर ने ज़ोर-से सिर हिलाया और तरह-तरह के वादे करता रहा। उसमें प्रमुख बात यही थी कि रात तक सभी चोर शहर से चले जाएंगे।

ऐसा ही हुआ।

कहने की आवश्यकता नहीं कि रामन को कुछ और थैलियां ईनाम में मिलीं।

कम या अधिक

विजयनगर दरबार में रामन सबसे हाज़िरजवाब और पैनी बुद्धि का व्यक्ति था, लेकिन कभी-कभार ऐसा भी होता था कि उसे किसी से ख़तरा महसूस हो। रामन के लिए रंगा सानी, जो शहर की सर्वश्रेष्ठ गणिका थी, सबसे बड़ी चुनौती थी।

रंगा सानी न केवल सुंदर और प्रतिभाशाली थी, बल्कि विजयनगर के सबसे चतुर और विद्वान लोगों में से एक थी। वह बड़े-बड़े विद्वानों को किसी भी विषय पर चुनौती देकर हरा सकती थी। तर्क के क्षेत्र में तो उसका कोई सानी नहीं था। आश्चर्य नहीं कि रामन सबसे अधिक उसी से डरता था और उस दिन की प्रतीक्षा कर रहा था, जब वह उसे हरा देगी।

फिर एक दिन किसी बौद्धिक चुनौती की आशा में रंगा सानी ने दरबार के किसी विद्वान के साथ तर्क करने की अपनी इच्छा राजा के सामने व्यक्त की।

आंखें चमकाते हुए उसने कहा, 'हारने पर मैं अपनी आधी संपत्ति जीतने वाले को दूंगी। लेकिन मेरे जीतने पर इन विद्वानों को मुझे रथ पर घुमाना होगा और लोगों के सामने अपनी हार स्वीकारनी होगी।'

राजा ने तुरंत दरबार में उपस्थित विद्वानों की ओर देखा, लेकिन किसी ने जवाब नहीं दिया। उनके आठों रत्न यहां-वहां देख रहे थे या फिर आंखें नीचे किए हुए थे।

कृष्ण देवराय ने कुछ अधीरता-से कहा, 'आगे आइए, क्या कोई रंगा सानी की चुनौती स्वीकारने के लिए तैयार नहीं है?'

रंगा सानी के चेहरे पर विजय का भाव था, लग रहा था कि वह पहले ही जीत चुकी है। लेकिन तभी अचानक रामन खड़ा हो गया।

'मैं चुनौती स्वीकारता हूं,' रामन ने धीरे से कहा। 'लेकिन मुझे तैयारी के लिए थोड़ा समय चाहिए।'

राजा संतुष्ट था, लेकिन बाकी विद्वान हार की आशंका से बचकर अब दया भाव से रामन को देख रहे थे। वह भला तर्क में रंगा सानी को कैसे हरा सकेगा? यह तो लगभग असंभव था।

गणिका ने रामन को गौर-से देखा और फिर दरबार से चली गई। उसे पता था कि वह विदूषक को निश्चित ही हरा देगी।

इस बीच रामन सोच रहा था कि कहीं उसने जल्दबाज़ी में तो रंगा सानी की चुनौती स्वीकार नहीं कर ली। उसे लग रहा था कि सार्वजनिक तौर पर उसका अपमान होने वाला था और उसने स्वयं ही इस अपमान को न्योता दिया था।

इस समस्या पर विचार करते हुए रामन अनजाने ही उस सड़क पर चला गया, जहां रंगा सानी रहती थी। उसका एक विद्यार्थी, भूषण उस समय वहां से गुज़र रहा था और रामन को देखते ही उसे प्रणाम करने पहुंच गया।

तभी रंगा सानी सड़क पर लकड़ी बेचने वाले से ईंधन की लकड़ी ख़रीदने अपने घर से निकली। बेचने वाला जल्दी में था इसलिए खरीदारी बहुत जल्दी में हुई। गणिका के घर के बाहर शीघ्र ही लकड़ी का ढेर लग गया। रंगा सानी ने लकड़ियां उठाने की कोशिश की, लेकिन वे बहुत भारी थीं।

यह देखकर रामन ने भूषण के कानों में कुछ कहा और उसे रंगा के पास भेज दिया।

'क्या यह गट्ठर उठाने में मैं आपकी सहायता कर सकता हूं?' भूषण ने पूछा।

'हां, हां,' रंगा सानी ने कृतज्ञता से कहा। 'कृपया इन्हें अंदर ले आओ।'

'क्या मुझे बदले में कुछ मिलेगा?' भूषण ने मुस्कुराकर कहा।

'क्यों नहीं,' रंगा सानी ने जल्दी-से कहा। 'मैं तुम्हें खाने के लिए थोड़ा गुड़ दूंगी।'

'मुझे थोड़ा नहीं, अधिक गुड़ चाहिए,' भूषण ने कहा।

'हां, हां,' गणिका ने अधीर होकर कहा। 'मैं तुम्हें अधिक ही दूंगी। कृपया इस गट्ठर को अंदर ले आओ।'

भूषण ने वैसा ही किया। एक बार सही जगह पर लकड़ियां रखने के बाद उसने खाने के लिए गुड़ मांगा।

रंगा सानी ने भूषण को एक ढेला गुड़ दिया, लेकिन उसने और मांग लिया। थोड़ा और गुड़ मिलने पर उसने अधिक गुड़ की मांग की। कुछ देर तक ऐसे ही चलता रहा, फिर भूषण द्वारा और

अधिक गुड़ मांगते चले जाने पर रंगा सानी परेशान होने लगी।

आख़िरकार उसने अपने घर में रखे गुड़ का आख़िरी टुकड़ा भूषण को देकर कहा, 'बस अब यही बचा है। तुमने मेरे घर का सारा गुड़ ख़त्म कर दिया।'

'नहीं, मुझे और गुड़ चाहिए,' भूषण ने हठ करते हुए कहा।

'क्या तुम पागल हो?' रंगा सानी ने पूछा। वह समझ नहीं पा रही थी कि उस लड़के की बात माने या फिर उसे वहां से जाने को कहे। उसने भूषण की बात मानने का सोचकर अपने सेवक को गुड़ लाने भेजा। लेकिन इससे भी लड़का संतुष्ट नहीं हुआ और 'मुझे अधिक गुड़ चाहिए' की रट लगाता रहा।

रंगा सानी को क्रोध आ गया और उसने लड़के को डांटा, लेकिन वह अपनी बात पर अड़ा रहा। घर से बाहर निकाले जाने पर भी वह दरवाज़े पर खड़ा होकर ऊंची आवाज़ में लगातार गुड़ मांगता रहा।

थोड़ी ही देर में वहां भीड़ जमा हो गई। लड़के पर इसका कोई असर नहीं पड़ा और वह पहले की तरह अधिक गुड़ की मांग करता रहा।

'अंदर आ जाओ!' लोगों के बीच तमाशा बनने से बचने के लिए रंगा सानी ने कहा।

'मुझे और गुड़ चाहिए!' भूषण चिल्लाया।

भीड़ में किसी ने कहा कि मामला राजा के पास ले जाना चाहिए। सभी लोग दरबार की ओर चले और राजा से मामला निपटाने की प्रार्थना की।

'यह बड़ी अजीब स्थिति है,' राजा ने कहा। 'मुझे तो इसे सुलझाने का कोई उपाय ही समझ नहीं आ रहा,' कहते हुए राजा ने विद्वानों से पूछा। 'क्या आप इसका हल सुझा सकते हैं?'

रामन तुरंत उठ खड़ा हुआ। 'मैं एक शर्त पर यह मामला सुलझा सकता हूं। रंगा सानी को मानना होगा कि वह यह मामला नहीं सुलझा सकती और इस मामले में अपनी हार मानने को त्यार है।'

अब तक रंगा सानी इस सबसे बहुत परेशान हो चुकी थी। 'ठीक है, मैं अपनी हार स्वीकारती हूं!' परेशान होकर वह बोली। 'अब निकाल सकते हो तो तुम ही इसका हल निकालो।'

रामन ने शांत स्वर में भूषण से पूछा, 'तुम्हें कितना गुड़ चाहिए?'

'मुझे अधिक गुड़ चाहिए,' उसने तुरंत जवाब दिया।

रामन गुड़ के दो टुकड़े ले आया। उनमें से एक बड़ा और एक छोटा टुकड़ा था, दोनों को अपनी हथेली में रखकर रामन ने भूषण से पूछा, 'इनमें से कौन-सा गुड़ अधिक है?'

भूषण ने बड़े टुकड़े की ओर इशारा किया और उसे लेकर दरबार से चला गया।

रामन ने रंगा सानी से कोमलता से पूछा, 'क्या आप अभी तर्क की परीक्षा में नहीं हारी हैं?'

रंगा सानी ने अपना माथा ठोकते हुए कहा, 'तुमने चालबाज़ी की है!' फिर मुस्कुराकर कंधे उचकाते हुए बोली, 'हां, ठीक कहा। मैं हार गई हूं। शर्त के अनुसार मेरी आधी संपत्ति अब तुम्हारी हुई।'

रामन ने राहत की गहरी सांस ली। उसकी मनुस्थिति के बारे में सोचते हुए राजा ने उसकी ओर देखा और मुस्कुराए। रामन अपने ओहदे से गिरते-गिरते बचा था, लेकिन उसने एक अनोखा रास्ता निकाल ही लिया था। रामन को हराना असंभव था!

जिसका काम उसी को साजे

कृष्ण देवराय कला के महान संरक्षक थे। उनके पसंदीदा कलाकारों में से एक राजा वर्मा थे, जो एक उत्कृट चित्रकार थे। कृष्ण देवराय का चित्र बनाते हुए उन्हें हर तरह की सुख-सुविधा दी गई थी।

राजा वर्मा एक विनम्र सज्जन् थे, जो अपना काम बहुत लगन से करते थे। जब कृष्ण देवराय का चित्र पूरा हो गया तो उसकी जीवंतता देखकर राजा हैरान रह गए। 'यह बिलकुल मेरे जैसा है।' उन्होंने प्रसन्नता से घोषणा की। 'ऐसा चित्र मैंने आज तक नहीं देखा। आप और क्या बना सकते हैं?'

राजा वर्मा ने संकोच के साथ अपनी कलाकृतियां दिखाईं,

उनमें महाकाव्यों के चरित्रों के सुंदर चित्र और लोगों की यथार्थवादी तस्वीरें थीं।

'आप तो बहुत प्रतिभाशाली हैं,' राजा ने कहा। 'आप जो चाहे मांग लीजिए।'

चित्रकार इस बात से इतना हैरान रह गया कि उसके मुंह से शब्द नहीं निकले। ऐसा कुछ भी नहीं था, जिसकी उसे इच्छा थी। उसकी एकमात्र इच्छा अपने चित्रों पर काम करते रहने की थी। वह रेखाओं और रंगों की अपनी दुनिया में खोए रहना चाहता था। इसलिए सही जवाब के लिए वह अपने दिमाग़ पर ज़ोर डाल रहा था।

इससे पहले कि वह कुछ कह पाता राजा ने चुटकी बजाई।

'मैं जानता हूं कि तुम्हें क्या देना है,' राजा ने खुश होकर कहा। 'आज से आप मेरे मुख्य मंत्री हुए।'

राजा वर्मा सन्न रह गया। इस बात से वह इतना व्याकुल हो गया कि हिल भी नहीं पाया। उसने कोशिश की कि राजा को नाराज़ किए बिना वह उपयुक्त शब्दों में मना कर दे, लेकिन वह ऐसा नहीं कर सका।

नए पद के लिए उसने हामी भरी और पूरी ईमानदारी के साथ नया काम सीखने में लग गया, लेकिन शुरू से ही उसे कुछ भी अच्छा नहीं लगा। राजा वर्मा में एक कलाकार की प्रतिभा थी, लेकिन प्रशासन के मामले में उसे कुछ भी नहीं आता था। जल्दबाज़ी में लिए गए बेसिरपैर के निर्णयों और प्रबंधकीय गुणों की कमी के कारण कुछ ही दिनों में राज्य में अव्यवस्था फैल गई।

चित्रकार बुद्धिमान था और वह जानता था कि उसके कारण सब कुछ गड़बड़ हो रहा है। लेकिन इस स्थिति से निकलने का रास्ता उसे पता नहीं था। उसके दिन परेशानी में बीत रहे थे और

इस सबके बीच जितना भी समय मिलता, वह अपनी कला की दुनिया में खो जाता।

लोगों में असंतोष बढ़ता गया, लेकिन राजा की नाराज़गी के डर से लोगों ने कुछ नहीं कहा।

राजा कलाकार को अब भी पसंद करता था। उसने सभी अफ़वाहों और कलाकार के विरुद्ध किसी सलाह पर ध्यान नहीं दिया। जब किसी युक्ति ने काम नहीं किया तो शहर के वरिष्ठ नागरिक, कुछ विद्वान और अल्लासनी पेदन्ना तथा थिम्मारुसु जैसे मंत्रियों ने इस स्थिति से निकलने में रामन से अपनी उम्मीदें लगा दीं।

विदूषक ने उन सबकी बातें ध्यान से सुनीं। उसने कहा, 'चिंता मत कीजिए। अब मामला मेरे हाथ में है और मैं इस झमेले से निकलने का कोई रास्ता ढूंढ ही लूंगा।'

कुछ सप्ताह तक स्थिति में कोई बदलाव नहीं आया। वरिष्ठ लोगों को लगा कि शायद रामन अपना वादा भूल गया है। लेकिन वे उसकी किसी योजना का पता नहीं लगा पाए।

थोड़े दिन बाद रामन ने राजा और कुछ मंत्रियों को अपने घर दोपहर के खाने पर आमंत्रित किया। सबके द्वारा निमंत्रण स्वीकारने पर उसने शहर के सबसे अच्छे बढ़ई को बुलाकर उसे विशेष मेहमानों के लिए भोज बनाने का काम सौंप दिया।

निश्चित दिन पर शानदार दावत की आशा में रामन के मेहमान पहुंचे। बढ़ई बहुत मेहनत से खाने को अंतिम रूप दे रहा था।

'क्या-क्या बनाया गया है, रामन?' राजा ने उत्सुकता से पूछा।

'बस थोड़ी प्रतीक्षा कीजिए, राजन,' रामन ने जवाब दिया। 'मेरा वादा है कि इस दावत को आप जल्दी भुला नहीं सकेंगे।'

सुंदर बर्तनों में खाना परोसा गया और मेहमानों ने खाना शुरू किया।

राजा ने बड़ा-सा ग्रास लिया और मुंह में डालते ही उसका गला जैसे बंद हो गया। 'पानी!' वह चिल्लाए। 'मुझे जल्दी से पानी दो!'

थोड़ी ही देर में बाकी मेहमानों का भी वही हाल था, हर कोई चिल्ला-चिल्लाकर पानी मांग रहा था।

'यह खाना तो बिलकुल बेकार है!' चेहरा लाल किए हुए राजा चिल्लाए। 'यह बहुत मसालेदार और कच्चा है और इसमें नमक भी बहुत है। ये आलू देखो, इन्हें तोड़ने में तो दांत ही टूट जाएं!' पानी पीने के लिए राजा रुके और फिर बोलना शुरू किया, 'यह खाना किसने बनाया है? यह कैसी दावत है? क्या तुम हम सबको मारना चाहते हो?'

रामन शोर के थमने का इंतज़ार करता रहा। वह बहुत पश्चातापी लग रहा था। उसने हाथ जोड़ते हुए कहा, 'क्षमा कर दीजिए, महाराज! आपकी आज्ञा हो तो मैं रसोइए को यहां बुलाता हूं।' उसने भौंचक्के खड़े बढ़ई को आगे कर दिया। 'यह विजयनगर का सर्वश्रेष्ठ बढ़ई है। इसके काम का कोई जवाब नहीं। मैंने आज इसे खाना पकाने का काम दिया था।'

राजा ने बेचारे बढ़ई को घूरकर देखा और फिर अचानक ही उनका मुंह फड़कने लगा। 'क्या तुम पागल हो, रामन? यह लकड़ी का अच्छा कारीगर हो सकता है, लेकिन इसका मतलब यह तो नहीं कि वह खाना भी अच्छा पका सकेगा।'

'लेकिन राजन,' रामन बुदबुदाया, 'अगर एक कलाकार मुख्य मंत्री बन सकता है तो एक बढ़ई रसोइए का काम क्यों नहीं कर सकता?'

राजा कुछ देर तक रामन को गुस्से से देखते रहे, लेकिन रामन

ज्यों का त्यों खड़ा रहा।

फिर कृष्ण देवराय ने नज़रें नीची कर सोच में डूबे हुए सिर हिलाया। 'तुम ठीक कह रहे हो, रामन। मैं समझ गया कि तुम क्या कहना चाहते हो।'

कृष्ण देवराय अपने दल सहित महल वापस पहुंचे, वे अब राजा वर्मा को जल्द-से-जल्द उसके पद से मुक्त करना चाहते थे।

अगले दिन चित्रकार राजा के सामने पहुंचा और उनसे प्रार्थना की कि उसे पद से मुक्त कर दिया जाए।

राजा हैरान रह गए और उन्हें झेंप भी हुई। 'क्या यह...मेरा मतलब है कि क्या आपने रामन की बात...?'

राजा वर्मा ने थोड़ी दृढ़ता से कहा, 'राजन, मैं अच्छा मुख्य मंत्री नहीं हो सकता। मैं कलाकार हूं, इसलिए कृपया मुझे अपनी कला का काम करने दीजिए।'

'ठीक है, जैसी आपकी इच्छा!' राजा ने कहा।

दरबार से निकलते हुए राजा वर्मा ने काम आसान करने के लिए कृतज्ञता से भरी मुस्कान से रामन को देखा। वह पहले कभी इतना खुश नहीं हुआ था।

बूढ़ा आदमी और बीज

विजयनगर और आसपास के इलाके में रामन बहुत प्रसिद्ध था, लेकिन उसे यह जानकर बहुत रोमांच हुआ कि उसकी प्रसिद्धि मुग़ल बादशाह बाबर के दरबार, दिल्ली तक पहुंच चुकी है। बाबर के एक दरबारी ने रामन की हाज़िरजवाबी और बुद्धिमानी की प्रशंसा की थी और उसे दुनिया का सर्वश्रेष्ठ विदूषक बताया था। बादशाह सोच में पड़ गये। उन्होंने कृष्ण देवराय को पत्र लिखते हुए उनसे प्रार्थना की कि वे रामन को एक महीने के लिए दिल्ली भेज दें, ताकि वे भी देखें कि इन बातों में कितना सच है।

रामन ने तैयारी शुरू की और मुस्कुराते हुए चल पड़ा। मंगम्मा

की स्थिति अजीब थी, एक ओर अपने पति की प्रसिद्धि पर उसे गर्व महसूस हो रहा था, तो दूसरी ओर दिल्ली जाने की बात से वह चिंतित थी।

रामन के जाने का दिन जैसे-जैसे पास आ रहा था, लग रहा था कि राजा भी मंगम्मा की तरह चिंतित और घबराए हुए थे। 'देखो रामन,' राजा ने कहा। 'तुम्हें केवल बादशाह को प्रभावित करके ईनाम लाना है। मैं नहीं चाहता कि उन्हें लगे कि विजयनगर के लोग बहुत सामान्य-से हैं और इसीलिए तुम्हारी प्रसिद्धि है। अगर तुम्हें ईनाम मिला तो मैं तुम्हें सोने के एक हज़ार सिक्के दूंगा।' फिर राजा रुके। उनके मन में अपमानित होने के भयानक दृश्य घूम रहे थे। यह सब सोचते हुए उन्होंने अपनी बात जारी रखी, 'अगर ऐसा नहीं हुआ तो मैं अपमान की निशानी के रूप में तुम्हारा सिर मुंडवाकर तुम्हें यहां से भगा दूंगा।'

इतनी भीषण बात सुनने के बावजूद रामन के चेहरे पर शिकन तक नहीं आई। उसकी आंखों में निष्कपट का भाव देख राजा की परेशानी और बढ़ गई। उन्होंने कुछ कम कटु स्वर में कहा, 'बादशाह को जो भी अपनी बात से प्रभावित करता है, उनका सेवक उसे सोने के सौ सिक्कों से भरी थैली देता है। कोशिश करके कम-से-कम वह तो पा लेना।'

'क्या इस पर आपको कोई संदेह है?' रामन ने आराम से पूछा।

उधर बाबर अपने दरबारियों को बिलकुल अलग तरह के निर्देश दे रहे थे। 'मैं विस्तार से रामन की परीक्षा लेना चाहता हूं। मैं चाहता हूं कि आप लोग उसके चुटकुलों पर न तो हंसे और न ही उसकी कही बातों की तारीफ़ करें और न ही मुझे ऐसा करने को कहें। इस हुक्म को न मानने वाले का सिर उड़ा दिया जाएगा।'

फिर धीरे-से हंसते हुए कहा, 'वह विदूषक इस दरबार से तो आसानी से ईनाम नहीं ले जा पाएगा।'

दिल्ली पहुंचकर रामन दरबार की शान-शौकत और बादशाह को देखकर बहुत प्रभावित हुआ। बहुत आदर से उसका स्वागत किया गया और उसे हर तरह का आराम दिया गया।

लेकिन एक बात ने रामन को परेशान कर दिया। बाबर के सामने बेहतरीन प्रदर्शन के बावजूद न तो बादशाह और न ही अन्य कोई दरबारी हंसा या फिर उसकी तारीफ़ की। श्रोताओं पर जब किसी भी बात का असर न हो रहा हो और वे चुटकुले सुनकर भी न हंस रहे हों, तो ऐसे में मनोरंजन करना बहुत मुश्किल होता है। यह तो एक गहरी घाटी में पत्थर फेंकने जैसा है, रामन ने सोचा। न तो उन्हें कहीं गिरते देखा जा सकता है और न ही उनकी आवाज़ सुनाई देती है। ये लोग हंसना नहीं जानते हैं, रामन ने सोचा। पंद्रह दिन तक वह प्रयास करता रहा और उसे लगा कि उसके चुटकुले का असर खत्म होता जा रहा है।

सोलहवें दिन रामन दरबार नहीं गया।

सुबह की सैर पर जाते हुए बादशाह मुस्कुराए। 'शायद उसने पहले ही हार मान ली है। बस उस विदूषक में इतनी ही प्रतिभा थी!' फिर उन्होंने रामन से जुड़े सभी ख़यालों को झटका और अपने आसपास देखने लगे। बीच-बीच में वे अपने सेवक से कुछ बातें करते रहे।

थोड़ी देर बार बाबर को सड़क किनारे सफ़ेद दाढ़ी वाला एक मुस्लिम बुजुर्ग दिखाई दिया। उसकी पीठ झुकी हुई थी और वह एक गड्ढे में बीज लगाने की कोशिश कर रहा था।

बादशाह उसके पास गए। बहुत विनम्रता से उन्होंने पूछा, 'बुजुर्गवार, आप क्या कर रहे हैं?'

'मैं आम का पौधा लगा रहा हूं,' बूढ़े आदमी ने कांपती आवाज़ में जवाब दिया। 'बड़ा हो जाने पर इसके फल ख़ूब बिकेंगे।'

बाबर की भौंहें तन गईं। 'लेकिन आप बूढ़े हो गए हैं और शायद इसके फल खाने के लिए ज़िंदा न रह सकें। तो फिर इस पेड़ का आपको क्या फ़ायदा है?'

'अल्लाह बड़ा कारसाज़ है', बूढ़े ने जवाब दिया। 'उसने मेरे अब्बा से पेड़ लगवाए, जिनके फल मैंने खाए। अगर मेरे अब्बा ने इसलिए पेड़ लगाए कि मैं फलों का मज़ा ले सकूं तो फिर मैं बाकी लोगों के लिए पेड़ क्यों नहीं लगा सकता?'

'बहुत बढ़िया बात कही,' बाबर ने कहा। उन्होंने अपने सेवक को इशारा किया और उसने बूढ़े की झोली में सौ सोने के सिक्कों की एक थैली डाल दी।

बूढ़ा इससे बहुत प्रभावित हुआ और अपने आंसू पोंछने लगा। 'अल्लाह की बड़ी शान है,' कांपती आवाज़ से उसने कहा, 'और बादशाह की भी। सब लोगों को पेड़ के बड़ा हो जाने के बाद फल मिलते हैं, लेकिन मुझे तो पेड़ लगाने से ही फल मिल गया। देखा आपने कि लोगों के बारे में अच्छा सोचने से हमें अच्छे नतीजे मिलते हैं।'

बादशाह ने अपने हाथ बांधकर हामी भरते हुए सिर हिलाया। 'फिर से आपने लाजवाब कर दिया!'

सेवक ने फिर से बूढ़े को सोने के सिक्कों से भरी एक और थैली दे दी।

बूढ़ा अब बहुत ज़्यादा खुश हो गया। 'अल्लाह वाकई अज़ीम है,' उसने कहा। 'पेड़ बड़ा हो जाने पर साल में एक बार ही फल देता, लेकिन अल्लाह की मेहरबानी और बादशाह की भलमनसाहत

से इसने लगते ही मुझे दो फ़सलें दे डालीं।'

'क्या बात है,' बूढ़े की समझदारी से प्रभावित होकर बाबर ने कहा। फिर उसे एक और थैली दी गई।

'अब चलो भी,' मुस्कुराते हुए बाबर ने अपने सेवक से कहा। 'ये जनाब तो मेरा ख़ज़ाना ख़ाली करवा देंगे।'

'एक मिनट रुकिए,' बूढ़े ने पुकारा।

बादशाह तेज़ी-से मुड़े, क्योंकि कांपती, कमज़ोर आवाज़ की जगह अब मज़बूत आवाज़ ने ले ली थी। रामन ने अपनी दाढ़ी उतार फेंकी थी और बाबर हैरान होकर उसे घूर रहे थे।

'अल्लाह सचमुच कारसाज़ है,' रामन बोला, 'और बादशाह भी। रामन ने पांच मिनट में तीन बार बादशाह से तारीफ़ पा ली।'

बाबर ने उदासी से सिर हिलाया और मुस्कुराए, 'तुम वाकई तारीफ़ के काबिल हो। तुम सचमुच चतुर हो। अपने ईनाम ले जाओ और अपने राजा को यहां मिली कामयाबी के बारे में बताओ। उन्हें यह भी बताना कि वे कितने ख़ुशकिस्मत है कि उनके दरबार में तुम हो।'

इस तरह रामन विजयनगर पहुंचा, वह राहत से भरा था। उसने कृष्ण देवराय को अपना पूरा अनुभव कह सुनाया।

'मुझे भी लगता है कि तुम्हें पाकर मैं भाग्यशाली हूं,' राजा बुदबुदाए। 'लेकिन अब गर्व से फूल मत जाना!'

सोने के हज़ार सिक्कों का ईनाम लेकर रामन ने अपनी विजयी मुस्कान के साथ राजा को देखा।